KB146074

외국인을 위한 한국어 문형 Ⅰ

权威韩国语语法及句型教程

Korean 1
Usage
for foreigners

박영희 · 오성아 · 유지연 · 이희원 지음

외국인을 위한
한국어
문형

초급
• 기본문형 •
80

도서
출판 박이정

외국어로서의 한국어 교육 및 학습에 대한 관심과 열기가 높아지고 있다. 여러 대학의 연수 기관에 한국어를 배우러 오는 유학생들도 점점 늘어나고, 한국어 교수법이나 한국어 교재 개발 또한 역동적으로 진행되어 왔다.

이 책의 시작은 한국어 교육에 대한 작은 스터디모임에서 비롯되었다. 저자들이 함께 연구하고 토론하는 가운데, 그 결과의 내용들이 늘어나면서 우리만 갖고 있는 것보다 함께 공유하는 것이 좋겠다는 생각에 감히 집필해 보기로 한 것이다. 이미 잘 정리된 몇 권의 좋은 문법사전이 없었더라면 우리의 결과는 분명 지금보다 더 힘들었을 것이다.

또한 한국어 교육의 특수한 상황을 고려하여 국어문법을 바탕으로 한국어 교육 현장에 맞게 집필하였다.

이 책은 현장에서 외국어로서의 한국어를 가르치는 교사와 외국어로서 한국어를 처음 배우는 학습자를 위해 초급문법과 문형을 정리한 책이다. 특히 기본 문형 80개를 학습할 수 있도록 만들었기에 초급학생들은 이를 발판으로 중급으로 갈 수 있고, 또 이미 한국어를 배운 학생들은 초급문법을 짧은 시간에 정리할 수 있는 실용적인 기회를 가질 수 있을 것이다. 한국어 교육현장의 교사에게는 각 급에 적합한 문형 교육을 위한 교안작성이나 워크북제작에 도움이 되는 지침서가 된다면 이 책을 엮는 보람이 될 것이다.

마지막 교정을 보며 저자들은 모두 방학도 없이 학교에 나와 자료와 싸움을 하고 정리하던 시간들을 모두 기쁘게 생각하며, 특히 묵묵히 격려와 도움을 준 충북대학교 국제교육원 식구들에게 아름다운 마음을 전한다. 끝으로 늘 좋은 책을 빚어내는 박이정 출판사의 박찬익 사장님께 고마움을 표한다.

2009년 목련꽃 살짝 핀 개신골에서
저자 일동

01 이 책은 한국어 교육 현장에서 자주 나오는 한국어 문법 형태를 수록하고 있다. 한국어 교수 및 학습 시에 다루어야 할 문형·표현 중 초급을 대상으로 하였다.

02 이 책에 제시된 문형·표현은 고려대, 경희대, 서강대, 서울대, 연세대, 이화여대의 초급 교재를 중심으로 빈도수가 높은 문형·표현을 중심으로 선정하였다.

03 각 문형·표현의 구성은 의미, 형태, 용법과 연습으로 구성되어 있다.

04 의미는 제시된 문형·표현의 의미 중 대표적인 의미를 제시하였다.

05 형태는 결합 가능한 동사·형용사·명사를 중심으로 시제, 받침 등의 제약 관계를 예를 들어 구분하여 분명하게 알 수 있게 하였다.

06 용법은 화용론적인 측면에서의 의미와 사전적인 의미를 모두 제시하고 그에 해당하는 예문을 가능한 한 쉬운 말로 제시하여 그 용법을 이해하는데 도움이 되도록 하였다.

07 연습은 용법에서 제시된 의미를 중심으로 만든 다양한 문제를 통해서 학습된 문형·표현을 직접 연습을 하며 확인할 수 있도록 하였다.

08 '저기요~!'와 '조금 더 알아볼까요?'에서는 학습자들이 혼동하기 쉬운 문형을 비교하여 문형의 차이를 알 수 있게 하였고, 좀 더 확장시켜 학습할 수 있는 문형이나 표현 및 어휘를 제시하여 문형공부에 흥미를 유발하게 하였다.

09 부록은 초급 단계에서 학습되어야 할 '관형사형, 불규칙, 간접이용, 숫자, 단위명사' 등을 넣어서 한국어 학습에 도움이 되도록 하였다.

10 연습에 대한 모범답안은 학습자가 스스로 확인할 수 있도록 마지막에 수록하였다.

가/이 ······················· 8

- 거나 ······················· 10

- 게 ························· 12

- 게 되다 ···················· 14

- 겠 - ······················ 16

- 고 나서 ···················· 18

- 고 싶다 ···················· 19

- 고 있다 ···················· 20

- 고 ························ 22

- 군요 ······················ 24

과/와 ······················· 26

- 기 ························ 28

- 기 때문에 ·················· 29

- 기 전에 ···················· 30

- 기로 하다 ·················· 32

는/은 ······················· 34

- 는 동안 ···················· 36

- 다가 ······················ 38

도 ·························· 40

- 도록 하다 ·················· 42

때문에 ······················ 44

를/을 ······················· 45

만 ·························· 46

못 ·························· 48

- ㅂ니다/습니다 ·············· 50

밖에 ························· 52

보다 ························· 54

부터 ························· 56

- 아/어 가다/오다 ············· 58

- 아/어 보다 ················· 60

- 아/어 보이다 ··············· 61

- 아/어 있다 ················· 62

- 아/어 주다/드리다 ··········· 64

- 아/어도 ··················· 66

- 아/어도 되다 ··············· 68

- 아/어서 ··················· 70

- 아/어야 되다/하다 ··········· 74

- 아/어요 ··················· 76

- 아/어지다 ················· 78

안 ·························· 80

에 ·························· 82

에게 ························· 84

에게서 ······················ 88

에서 ························· 90

- (으)ㄴ 적이 있다/없다 ········ 92

- (으)ㄴ 후에 ················ 94

- (으)ㄴ/는/(으)ㄹ 모양이다 ····· 96

- (으)ㄴ/는/(으)ㄹ인 것 ········ 98

- (으)ㄴ/는/(으)ㄹ인 것 같다 ···· 100

- (으)ㄴ/는데 ················ 102

- (으)ㄴ/는데요 ·············· 104

- (으)ㄴ/는/인가 보다 ········· 106

- (으)니까 ·················· 108

- (으)러 ··················· 110

- (으)려고 ·················· 112

- (으)려면 ·················· 114

(으)로 ····································· 116

-(으)면 ···································· 118

-(으)면 되다/안 되다 ················ 120

-(으)면 좋겠다 ·························· 121

-(으)면서 ································· 122

-(으)ㅂ시다 ····························· 124

-(으)세요 ································ 126

-(으)시 - ································· 128

-(으)ㄹ 거예요 ························· 130

-(으)ㄹ 때 ······························ 132

-(으)ㄹ래요 ···························· 134

-(으)ㄹ 수 있다/없다 ················ 136

-(으)ㄹ 줄 알다/모르다 ············· 138

-(으)ㄹ 테니(까) ······················ 140

-(으)ㄹ게요 ···························· 142

-(으)ㄹ까요? ··························· 144

의 ··· 146

이/그/저 ································· 148

(이)나 ····································· 150

-지 말다 ································· 151

-지 않다 ································· 152

-지만 ····································· 154

-지요? ···································· 156

처럼 ······································ 158

부록 1. 관형사형 ······················· 162

    2. 간접화법(간접인용) ·············· 163

    3. 불규칙 용언 ····················· 166

    4. 숫자 ······························ 169

    5. 단위명사 ························· 170

정답 ··· 172

가/이

1. 의미	명사와 함께 쓰여서 주어를 나타낸다.	

2. 형태

받침 ○	이	꽃이 예뻐요.
받침 ×	가	컴퓨터가 비싸요.

3. 용법

1) 주어를 말할 때 사용한다.

   철수가 학교에 가요.
   선생님이 한국어를 가르쳐요.

2) '되다/아니다' 앞에 오는 대상을 말할 때 사용한다.

   방학이 되면 고향에 갈 거예요.
   저 분은 의사가 아니고 간호사예요.

3) '있다/없다' 동사 앞에서 사용한다.

   교실에 컴퓨터가 있어요.
   이번 학기에는 시험이 없어서 정말 좋아요.

4) 형용사 앞에서 사용한다.

   날씨가 좋아요.
   귤이 맛있어서 많이 샀어요.

5) 특별히 선택하여 말할 때 사용한다.

   가 : 무슨 꽃이 제일 비싸요?
   나 : 장미가 제일 비싸요.

   가 : 어느 집이 제일 좋아요?
   나 : 저 집이 제일 좋아요.

6) 강조할 때 사용한다. 강조할 때는 '―지가 않다/―지가 못 하다'로 쓰인다.

매일 운동을 하는데도 살이 빠지지가 않아요.

이가 고르지가 못해서 웃을 때 손으로 가려요.

4. 연습

※ 다음 (　　　)에 '가/이'를 넣으십시오.

1) 영화(　　　) 재미있어요.

2) 철수(　　　) 빵을 먹었어요.

3) 이것은 책상(　　　) 아닙니다.

4) 우리 학교에서 김 선생님(　　　) 제일 커요.

5) 오늘은 기분이 좋지(　　　) 않아요.

6) 주말에는 수업(　　　) 없어서 좋아요.

조금 더 알아볼까요?

나+가=내가 / 저+가=제가 / 누구+가=누가

<u>내가</u> 우리 반에서 제일 공부를 잘해요.
<u>제가</u> 숙제를 안 했어요.
<u>누가</u> 전화했어요?

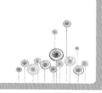

 저 기 요 ~

Q : 다른 조사와도 쓸 수 있나요?

A : '가/이' 뒤에는 다른 조사와 함께 쓸 수 없습니다.
　　예를 들어 볼까요?

　　저는 언니<u>가</u> 없어요. 동생<u>이도</u> 없어요. (×)
　　→ 저는 언니<u>가</u> 없어요. 동생<u>도</u> 없어요. (○)

　　코끼리는 코<u>가</u> 길지만 원숭이는 꼬리<u>가만</u> 길어요. (×)
　　→ 코끼리는 코<u>가</u> 길지만 원숭이는 꼬리<u>가</u> 길어요. (○)

Q : '는/은'하고는 어떻게 다른가요?

A : ☞ '는/은'을 보십시오.

−거나

1. 의미	동사나 형용사 뒤에 붙어 선택이나 나열을 나타낸다.

2. 형태

받침 ○	−거나	휴일에는 책을 읽거나 잠을 자요.
받침 ×	−거나	비싸거나 싸거나 꼭 살 거예요.

3. 용법

1) 두 개 이상의 것 중에 하나를 선택할 때 사용한다.

음식이 짜거나 매우면 물을 더 넣으세요.

엄마가 보고 싶으면 전화를 하거나 사진을 봅니다.

2) 대립되는 둘 이상의 것을 모두 선택할 때 사용한다.
: 주로 '−거나 −거나'의 형태로 쓰인다.

제가 밥을 먹거나 말거나 신경 쓰지 마세요.

시간이 있거나 없거나 저는 그 사람을 만날 거예요.

4. 연습

※ 다음 대화를 '−거나'를 사용하여 완성하십시오.

1) 가 : 주말에 뭐 해요?

　나 : _____

2) 가 : 언제 고향 생각이 나요?

　나 : _____

3) 가 : 오늘 회의에 사장님이 안 오시면 회의를 안 하나요?

　나 : 아니요. 사장님이 _____

4) 가 : 세계 여행을 하고 싶어요.

　　나 : 세계 여행을 하려면 돈이 많이 들 거예요.

　　가 : 돈이 많이 _____

5) 가 : 아빠는 어디에 가셨어요?

　　나 : 글쎄, _____

－게

1. 의미	형용사와 일부 동사에 붙어 부사로 사용된다.	

2. 형태

받침 ○	－게	영화를 아주 재미있게 봤어요.
받침 ×	－게	그 사람의 말을 나쁘게 생각하지 마세요.

3. 용법

1) 정도, 방식을 말할 때 사용한다.

　글씨를 너무 크게 쓰지 마세요.

　날씨가 더워서 머리를 짧게 잘랐어요.

2) 동작에 대한 목적이나 기준을 말할 때 사용한다.

　남은 음식은 가져가게 포장해 주세요.

　아이가 넘어지지 않게 손을 꼭 잡았어요.

4. 연습

※ 다음 보기에서 알맞은 단어를 골라 '－게'를 사용하여 대화를 완성하십시오.

달다　　　예쁘다　　　깨끗하다　　　들리다　　　들어오다

1) 가 : 포장해 드릴까요?

　　나 : 네. 선물할 거니까 _____ 포장해 주세요.

2) 가 : 커피를 어떻게 드릴까요?

　　나 : 단 것을 싫어하니까 _____ 설탕을 빼 주세요.

3) 가 : 선생님, 여기까지 잘 _____ 소리를 높여 주세요.

　　나 : 알겠어요.

4) 가 : 너무 추워요. 바람이 안 _____ 문 좀 닫아 주세요.

　　나 : 알았어요. 닫아 줄게요.

5) 가 : 집이 많이 지저분하네요. 우리 청소 좀 할까요?

　　나 : 그래요. _____ 청소해 봅시다.

−게 되다

1. 의미	외부적인 영향에 의해 동작이나 상태가 어떤 상황에 이름을 나타낸다.	

2. 형태

받침 ○	−게 되다	금방 한국 신문을 읽을 수 있게 될 거예요.
받침 ×	−게 되다	다음 달에 한국으로 유학가게 되었어요.

3. 용법

1) 어떤 상황의 결과를 말할 때 사용한다.

신문을 읽고 그 소식을 알게 됐어요.

친구의 소개로 그 사람을 만나게 되었어요.

2) 상황이 바뀜을 말할 때 사용한다.

요리가 참 맛있게 되었네요. 비법이 뭐예요?

유명한 미용사에게 파마를 했더니 머리가 예쁘게 됐어요.

4. 연습

※ 다음 보기에서 알맞은 단어를 골라 '−게 되다'를 사용하여 문장을 완성하십시오.

배우다   건강하다   닫다   졸업하다   빨갛다

1) 대학에 입학한지 7년 만에 _____

2) 한국에 와서 한국어를 _____

3) 열심히 치료를 받아서 _____ 여행을 하고 싶어요.

4) 술을 마시면 얼굴이 _____ 사람들이 자꾸 놀려요.

5) 경제가 어려워서 많은 공장들이 문을 _____

─겠─

1. 의미

동사와 형용사에 붙어 미래의 일이나 추측을 나타낸다.

2. 형태

받침 ○	─겠─	내일은 덥겠습니다.
받침 ×	─겠─	제가 청소하겠습니다.

3. 용법

1) 가까운 미래를 말할 때 사용한다.

잠시 후에 회의를 시작하겠습니다.

내일 태풍이 불겠으니 외출할 때 조심하시기 바랍니다.

2) 추측을 말할 때 사용한다.

서두르세요. 기차 시간에 늦겠어요.

출발한 지 2시간이 지났으니까 지금쯤 도착했겠어요.

3) 주어의 의지를 말할 때 사용한다.

선생님, 제가 읽어 보겠어요.

네가 그 곳에 꼭 가겠다면 나도 따라가겠어.

4. 연습

※ 다음 그림을 보고 '-겠-'을 사용하여 날씨를 말하십시오.

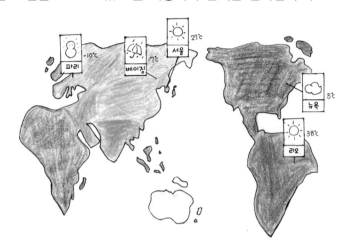

1) <u>서울은 날씨가 맑고 덥지 않겠습니다.</u> _____

2) 베이징은 _____

3) 뉴욕은 _____

4) 파리는 _____

5) 리오는 _____

−고 나서

1. 의미
앞의 동작을 뒤의 동작보다 먼저 함을 나타낸다.

2. 형태

받침 ○	−고 나서	밥을 먹고 나서 약을 드세요.
받침 ×	−고 나서	쇼핑을 하고 나서 차를 마셨어요.

3. 용법

1) 동작의 순서를 말할 때 사용한다.

그 이야기를 듣고 나서 크게 웃었어요.

숙제를 하고 나서 친구를 만나러 나갔어요.

4. 연습

※ 다음을 보고 '−고 나서'를 사용하여 문장을 만드십시오.

❋ 김치볶음밥 만들기

> 김치를 썰다 → 프라이팬에 기름을 넣다 → 김치를 볶다 → 밥을 넣다 →
> 김치와 밥을 같이 볶다 → 그릇에 담다 → 먹다

1) 먼저 김치를 _____ 프라이팬에 기름을 넣어요. 그리고
프라이팬에 김치를 넣어 _____ 밥을 넣고 같이 볶아요.
그리고 그릇에 담아서 먹어요.

❋ 불고기 만들기

> 양념장을 만들다 → 고기를 썰다 → 야채를 썰다 → 양념장에 고기와 야채를
> 섞다 → 30분을 재우다 → 프라이팬에 볶다 → 그릇에 담다 → 먹다

2) 양념장을 _____ 고기를 썹니다. 야채를 _____
양념장에 고기와 야채를 섞고 30분을 재웁니다. 그리고 프라이팬에 재
운 고기와 야채를 _____ 그릇에 담아서 먹습니다.

−고 싶다

1. 의미

동사 뒤에 붙어 소망이나 희망을 나타낸다.

2. 형태

받침 ○	−고 싶다	이탈리아 피자를 먹고 싶어요.
받침 ×	−고 싶다	유럽 여행을 가고 싶어요.

3. 용법

1) 원하거나 바라는 일을 말할 때 사용한다.

생일 선물로 예쁜 반지를 받고 싶어요.

열심히 공부해서 장학금을 타고 싶어요.

4. 연습

※ 다음 문장을 '−고 싶다'를 사용하여 완성하십시오.

1) 돈이 많으면 _____

2) 감기에 걸려서 _____

3) 이번 방학에는 고향에 _____

4) 운동을 해서 땀이 많이 났어요. 빨리 _____

5) 도시는 복잡해서 싫어요. 그래서 조용한 시골에서 _____

─고 있다

| 1. 의미 | 어떤 동작이 진행되거나 지속됨을 나타낸다. |

2. 형태

받침 ○	─고 있다	빵을 먹고 있는 사람이 제 동생이에요.
받침 ×	─고 있다	형은 지금 공부하고 있어요.

3. 용법

1) 어떤 동작이 진행 중일 때 사용한다.

책을 읽고 있는데 엄마가 심부름을 시켰어요.

할머니에게서 전화가 왔을 때 텔레비전을 보고 있었어요.

2) 주로 착용동사와 함께 쓰여 그 동작의 결과가 지속될 때 사용한다.

헤드폰을 끼고 있으면 아무 소리도 안 들려요.

청바지에 흰 셔츠를 입고 있는 사람이 제 여자친구예요.

4. 연습

※ 다음 그림을 보고 '─고 있다'를 사용하여 설명하십시오.

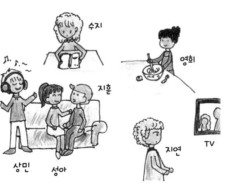

1) 수지는 책을 읽고 있어요.

　그리고 _____

_____

_____

_____

_____

_____

_____

수민　회원　준수　민

2) 수민이는 모자를 쓰고 가방
을 메고 있어요.
_____
_____
_____
_____
_____
_____

─고

1. 의미	두 가지 이상의 동작이나 상태 또는 사실을 연결함을 나타낸다.		

2. 형태

받침 ○	─고	방이 넓고 깨끗해요.
받침 ×	─고	숙제를 하고 텔레비전을 봤어요.

3. 용법

1) 시간의 순서와 관계없이 나열할 때 사용한다.

   민이는 예쁘고 착하고 공부도 잘해요.

   저는 빨래를 했고 친구는 청소를 했어요.

2) 동작의 시간에 따른 순서를 말할 때 사용한다.

   저는 세수를 하고 밥을 먹어요.

   언니는 운동을 하고 샤워를 했어요.

3) 앞 동작의 상태가 지속되면서 뒤 동작을 할 때 사용한다.

   시내에 택시를 타고 갈 거예요.

   우산이 없어서 비를 맞고 왔어요.

4. 연습

※ 다음 그림을 보고 문장을 만드십시오.

1) 내 친구는 머리가 길고 모자를 쓰고
_____
_____
그리고 성격은 친절하고
_____
_____

※ 성격 : 친절하다/좋아하는 것 : 노래듣기
잘하는 것 : 요리/싫어하는 것 : 운동

AM8:00

AM9:00

2) 아침 8시에 아침을 먹고 _____
_____
_____
_____
_____

PM10:00    PM5:00

_____
_____
_____

Q : '밥을 먹었고 세수를 했어요.'는 맞는 문장인가요?

A : 시간의 순서와 관계없이 나열을 말하는 거라면 맞는 문장입니다.
하지만 시간의 순서를 말하는 거라면 틀린 문장입니다.
시간의 순서를 말할 때는 과거 시제를 쓸 수 없습니다.
예를 들어볼까요?

주말에 친구도 <u>만났고</u> 청소도 <u>했고</u> 산책도 했어요. (○)
주말에 친구를 <u>만나고</u> 청소를 <u>하고</u> 산책을 했어요. (○) – 시간 순서
주말에 친구를 <u>만났고</u> 청소를 <u>했고</u> 산책을 했어요. (×) – 시간 순서

−군요

1. 의미	새롭게 알게 된 사실에 대한 감탄을 나타낸다.

2. 형태

동사	과거		−았/었군요	늦게까지 책을 읽었군요. 비가 많이 왔군요.
	현재	받침 ○ / 받침 ×	−는군요	많이 먹는군요. 아침에 일찍 일어나는군요.
형용사	과거		−았/었군요	한국친구가 많았군요. 어렸을 때는 날씬했군요.
	현재	받침 ○ / 받침 ×	−군요	날씨가 정말 덥군요. 여자친구가 참 예쁘군요.
명사	과거	받침 ○	−이었군요	3년 전에는 학생이었군요.
		받침 ×	−였군요	그 사람이 의사였군요.
	현재	받침 ○	−이군요	한국어 선생님이군요.
		받침 ×	−군요	여기가 바로 해운대군요.

3. 용법

1) 새로 알게 된 사실이나 새로운 느낌을 말할 때 사용한다.

많이 다치지 않아서 정말 다행이군요.

우리가 만난 지 벌써 1년이 지났군요.

4. 연습

※ 다음 보기에서 알맞은 단어를 골라 '−군요'를 사용하여 문장을 완성하십시오.

> 시작되다   피곤하다   공부하다   아름답다   빠르다   이다

1) 3시간 동안 운동을 해서 _____

2) 수업이 벌써 10분 전에 _____

3) 단풍이 든 가을 산을 보니 _____

4) 요즘 시험기간이라서 학생들이 열심히 _____

5) 작년에 받은 생일 선물이 신발_____

과/와

1. 의미	여러 사물이나 사람을 열거해 쓰거나 동작을 함께 하는 대상을 나타낸다.	

2. 형태

받침 ○	과	책과 공책
받침 ×	와	우유와 빵

3. 용법

1) 여러 사물이나 사람을 나열할 때 사용한다.

　김 선생님은 아들과 딸이 있어요.

　저는 과일 중에서 사과와 배와 수박을 좋아해요.

2) 어떤 동작을 함께 하는 대상을 말할 때 사용한다.
　: 보통 '과/와 함께', '과/와 같이'의 형태로 많이 쓴다.

　나는 결혼하기 전까지 부모님과 살았어요.

　일요일이면 강아지와 같이 공원에 가서 산책을 합니다.

3) 비교의 대상을 말할 때 사용한다.
　: '같다, 다르다, 비슷하다, 비교하다' 등의 서술어와 함께 쓰인다.

　친구가 우리 반을 다른 반과 비교해서 기분이 나빴어요.

　동생의 외모는 엄마와 비슷하고, 성격은 아빠와 비슷해요.

4. 연습

※ 다음 (　　　　)에 '과/와'를 넣으십시오.

1) 제 방에는 컴퓨터(　　　) 텔레비전이 있습니다.

2) 저는 친구에게 춤(　　　) 노래를 배웠어요.

3) 다음 달에 형(　　　) 함께 유학을 가려고 합니다.

4) 오늘은 어제(　　　) 다르게 많이 더워요.

5) 여름이면 가족들(　　　) 같이 휴가를 갑니다.

Q : '과/와'와 '(이)랑' 그리고 '하고'는 무엇이 다른가요?

A : '과/와'와 '(이)랑' 그리고 '하고'의 의미는 서로 같습니다.
　　다른 점이 있다면 '(이)랑'과 '하고'는 글보다는 대화에서 많이 사용하고, 마지막
　　에 오는 명사에도 쓸 수 있습니다. 하지만 '과/와'는 마지막에 오는 명사와 쓸
　　수 없습니다.
　　예를 들어 볼까요?

　　가게에서 빵이랑 과자랑 주스랑 샀어요. (○)
　　가게에서 빵하고 과자하고 주스하고 샀어요. (○)
　　가게에서 빵과 과자와 주스와 샀어요. (×)

-기

1. 의미

동작이나 상태를 나타내는 말 뒤에 붙어 명사처럼 쓰임을 나타낸다.

2. 형태

받침 ○	-기	우리 집은 찾기가 쉬워요.
받침 ×	-기	그림 그리기를 좋아해요.

3. 용법

1) 동작이나 상태를 나타내는 말을 명사처럼 말할 때 사용한다.

아이가 잠자기 싫어해서 걱정이에요.

음식이 맛있기는 하지만 가격이 비싸요.

2) 완전히 명사로 굳어진 것

: 읽기, 쓰기, 말하기, 달리기, 던지기, 보기, 나누기, 더하기, 빼기, 크기, 밝기 등이 있다.

집은 크기에 따라 값이 다릅니다.

나는 한국어에서 쓰기가 제일 어려워요.

4. 연습

※ 다음 단어들을 '-기'를 사용하여 한 문장으로 만드십시오.

1) 버스 / 타다 / 힘들다　　　　　→ _____

2) 제 취미 / 피아노 / 치다 / 이다　→ _____

3) 어제 / 태권도 / 배우다 / 시작하다 → _____

4) 혼자 / 영화 / 보다 / 좋아하다　→ _____

5) 결혼하다 / 친구 / 행복하다 / 바라다 → _____

─기 때문에

1. 의미

동사와 형용사 뒤에 붙어 원인이나 이유를 나타낸다.

2. 형태

받침 ○	─기 때문에	그 집은 지하철역과 가깝기 때문에 비싸요.
받침 ×	─기 때문에	그녀는 예쁘기 때문에 인기가 많아요.

3. 용법

1) 원인이나 이유를 말할 때 사용한다.

밥을 먹고 잠만 자기 때문에 자꾸 살이 쪄요.

요즘 날씨가 덥기 때문에 아이스크림이 많이 팔립니다.

4. 연습

※ 다음 두 문장을 '─기 때문에'를 사용하여 한 문장으로 만드십시오.

1) 지금은 돈이 없다. / 그 시계를 살 수 없다.

   → _____

2) 내일은 바쁘다. / 파티에 못 갈 것 같다.

   → _____

3) 미국에서 친구가 오다. / 3시까지 공항에 가야 하다.

   → _____

4) 늦게 일어나다. / 회사에 지각하다.

   → _____

5) 시험기간이다. / 열심히 공부해야 하다.

   → _____

조금 더 알아볼까요?

'─기 때문에' 뒤에 오는 문장에는 명령문과 청유문을 사용할 수 없어요.

그 영화는 재미있기 때문에 사람들이 많이 <u>보세요</u>. (×)

그 영화는 재미있기 때문에 사람들이 많이 <u>봅시다</u>. (×)

−기 전에

| 1. 의미 | 앞의 동작보다 뒤의 동작이 먼저 일어남을 나타낸다. |

2. 형태

받침 ○	−기 전에	밥 먹기 전에 세수해요.
받침 ×	−기 전에	집에 가기 전에 서점에 갔어요.

3. 용법

1) 어떤 동작 이전에 다른 동작을 할 때 사용한다.

은행이 문을 닫기 전에 빨리 갑시다.

한국에 오기 전에 한국어를 배웠어요.

4. 연습

※ 다음을 보고 '−기 전에'를 사용하여 문장을 만드십시오.

> 7:00 저녁을 먹다 → 7:30 텔레비전을 보다 → 9:00 게임을 하다
> → 11:00 잠을 자다

1) 텔레비전을 _____.

2) 잠을 _____.

> 자판기에 돈을 넣다 → 버튼을 누르다 → 커피를 꺼내다 → 커피를 마시다

1) 버튼을 _____.

2) 커피를 _____.

조금 더 알아볼까요?

명사와 사용할 때는 '-전에'를 사용하는데 이 때 명사는 '시간' 또는 '동안'의
의미를 갖고 있는 명사예요.

10년 전에 한국에 왔어요.
조금 전에 경기가 시작되었어요.
방학 전에 여행 계획을 세울 거예요.

−기로 하다

| 1. 의미 | 동사에 붙어 결정이나 결심을 나타낸다. |

2. 형태

| 받침 ○ | −기로 하다 | 한국 역사책을 읽기로 했어요. |
| 받침 × | −기로 하다 | 다음 주에 가기로 합시다. |

3. 용법

1) 결정이나 결심, 약속을 말할 때 사용한다.

이번 주에 놀이동산에 놀러 가기로 했어요.

오늘 저녁에 친구를 만나서 삼겹살을 먹기로 했어요.

4. 연습

※ 다음 보기에서 알맞은 말을 골라 '−기로 하다'를 사용하여 대화를 완성하십시오.

> 참가하다   쇼핑하다   꽃을 사다   내일 아침에 하다   여행을 가다

1) 가 : 친구랑 뭐 할 거예요?

　나 : _____

2) 가 : 승하 씨 생일에 희연 씨는 뭘 살 거예요?

　나 : 저는 _____

3) 가 : 회의를 언제 하기로 했어요?

　나 : _____

4) 가 : 이번 방학에 제주도로 _____ 같이 갈래요?

　나 : 네. 좋아요.

5) 가 : 한국노래 부르기 대회에 _____ 잘 할 수 있을까요?

　 나 : 잘 할 테니까 걱정하지 마세요.

는/은

| 1. 의미 | 명사 뒤에 붙어 문장의 주제(화제) 및 대조·강조를 나타낸다. |

2. 형태

받침 ○	은	우리 선생님은 친절해요.
받침 ×	는	우리는 한국으로 여행을 가요.

3. 용법

1) 주제를 말할 때 사용한다.

저는 선생님입니다.

부모님은 여행을 가셔서 안 계세요.

2) 대조를 말할 때 사용한다.

토끼는 빠르고 거북이는 느려요.

선생님은 수업하시는데 학생은 졸고 있어요.

3) 강조를 말할 때 사용한다.

아무리 바빠도 밥은 먹고 일을 하세요.

동생도 잘못은 했지만 너도 잘한 것 없어.

4. 연습

※ 다음 (   )에 '는/은'을 넣으십시오.

1) 저(   ) 한국 사람입니다.

2) 책상 위에 책이 있습니다. 그 책(   ) 한국어 책입니다.

3) 동생(   ) 노래를 잘 하고 오빠(   ) 춤을 잘 춰요.

4) 시험이 있어도 공부(   ) 전혀 안 해요.

5) 그 과자(   ) 비싸지만 맛이 좋아요.

Q : '가/이'와는 어떻게 다른가요?
A : 처음 나오는 대상일 때는 '가/이'를 쓰고, 그 대상을 다시 한번 말할 때는 '는/은'을 씁니다.
예를 들어 볼까요?

영희가 학교에 왔어요. 영희는 학교에서 열심히 공부했어요.

그리고 '가/이'는 초점이 주어에 있고 '는/은'은 초점이 서술어에 있습니다.
예를 들어 볼까요?

가 : 누가 숙제를 안 했어요?
나 : 철수가 숙제를 안 했어요.
가 : 주말에 뭐 할 거예요?
나 : 저는 주말에 친구를 만날 거예요.

'가/이'는 일반적 의미를 나타내고, '는/은'은 대조적 의미를 나타냅니다.
예를 들어 볼까요?

떡볶이가 맛있어요.
떡볶이는 맵지만 맛은 있어요.

● 연습해 볼까요?

※ 다음 (   )에 '가/이' 또는 '는/은'을 넣으십시오.

1. 밍밍(   ) 옵니다. 밍밍(   ) 제 중국친구입니다.

2. 저(   ) 간호사이고 제 동생(   ) 한국어 선생님입니다.

3. 우리 학교에(   ) 나무가 많아요.

4. 내(   ) 그 친구를 만났을 때 친구(   ) 기분이 나빠서 울고 있었어요.

5. 가 : 누가 도서관에 갔다 올래요?

    나 : 제(   ) 갔다 오겠습니다.

35

–는 동안

1. 의미

어떤 동작이나 상태가 계속되는 시간을 나타낸다.

2. 형태

받침 ○	–는 동안	책을 읽는 동안 조용히 해 주세요.
받침 ×	–는 동안	버스를 기다리는 동안 음악을 들었어요.

3. 용법

1) 계속되는 시간을 말할 때 사용한다.

언니가 공부하는 동안 나는 게임을 했어요.

엄마가 없는 동안 동생들을 잘 돌봐야 해요.

4. 연습

※ 다음 그림을 보고 '–는 동안'을 사용하여 문장을 만드십시오.

1) _____

2) _____

메이

도둑

엄마

아빠

3) _____

4) _____

－다가

1. 의미		어떤 동작이나 상태가 중단되고 다른 동작이나 상태로 전환됨을 나타낸다.	

2. 형태

받침 ○	－다가	밥을 먹다가 전화를 받았어요.
받침 ×	－다가	길을 가다가 친구를 만났어요.

3. 용법

1) 어떤 동작이나 상태가 도중에 바뀔 때 사용한다.

영화가 너무 재미없어서 보다가 나왔어요.

하늘이 맑다가 갑자기 흐려져서 비가 왔어요.

2) 원인이나 이유를 말할 때 사용한다.

늦잠을 자다가 학교에 지각했어요.

전화도 안 하고 밖에서 늦게까지 놀다가 엄마한테 혼났어요.

4. 연습

※ 다음 문장을 연결하고 '－다가'를 사용하여 한 문장으로 만드십시오.

1) 운동하다   •   • 다치다
2) 사전을 쓰다   •————————• 한국으로 오다
3) 부모님 편지를 읽다 •   • 감기에 걸리다
4) 영국에서 살다   •   • 울다
5) 창문을 열고 자다 •   • 전자사전으로 바꾸다

(1) <u>운동하다가 다쳤어요.</u>

(2) _____

(3) _____

(4) _____

(5) _____

조금 더 알아볼까요?

'-다가'는 앞뒤 문장의 주어가 같아야 해요.

<u>철수가</u> 뛰어가다가 (<u>철수가</u>) 넘어졌어요. (○)
<u>철수가</u> 뛰어가다가 <u>영희가</u> 넘어졌어요. (×)

도

1. 의미

명사 뒤에 붙어 '또', '또한', '역시' 등의 의미를 나타낸다.

2. 형태

받침 ○	도	책상도 비싸요.
받침 ×	도	철수도 학생이에요.

3. 용법

1) 포함이나 더할 때 사용한다.

　가 : 자장면 먹을까?

　나 : 네. 그리고 탕수육도 먹어요.

　가 : 호주에 민희만 갔어요?

　나 : 아니요. 영희도 갔어요.

2) 나열을 말할 때 사용한다.

　친구를 만나서 음악도 듣고 영화도 보고 밥도 먹었어요.

　방학에는 아르바이트도 하고 여행도 가고 공부도 할 거예요.

3) 가능성이 아주 적은 것도 포함될 때 사용한다.

　선생님도 모르는 것이 있어서 사전을 찾아요.

　일이 많아서 부모님께 전화도 한번 못 드렸어요.

4) 보통 부사와 함께 쓰여 강조할 때 사용한다.

　12시가 넘었는데 아직도 자요?

　밖이 이렇게 시끄러운데 잘도 잔다.

4. 연습

※ 다음을 보기와 같이 '도'를 사용하여 한 문장으로 만드십시오.

> 내 방 / 텔레비전 / 있다 / 냉장고 / 있다
> → 내 방에는 텔레비전도 있고 냉장고도 있어요.

1) 주말 / 청소 / 친구 / 만나다 / 운동하다

　　→ _____.

2) 옆 반 / 아이스크림 / 먹다 / 우리 / 먹다

　　→ _____.

3) 점심시간 / 식당 / 손님 / 한 명 / 없다

　　→ _____.

4) 돈 / 없다 / 많이 / 사다

　　→ _____.

5) 옷 / 사다 / 신발 / 사고 싶다 / 시간 / 없다

　　→ _____.

－도록 하다

1. 의미

동사 뒤에 붙어 어떤 일을 하게 하거나 시킴을 나타낸다.

2. 형태

받침 ○	－도록 하다	여기에 앉도록 하세요.
받침 ×	－도록 하다	내일까지 이 일을 끝내도록 하세요.

3. 용법

1) 어떤 일을 하게 할 때 사용한다.

   선생님이 반장에게 칠판을 지우도록 하셨어요.

   엄마가 동생에게 콩나물을 사 오도록 하셨어요.

2) 어떤 일을 권유하거나 명령할 때 사용한다.

   비가 오니까 우산을 가져가도록 하세요.

   실내에서는 담배를 피우지 않도록 하세요.

3) 말하는 사람의 의지를 말할 때 사용한다.

   내일은 꼭 일찍 오도록 할게요.

   친구들이 바쁘니까 제가 청소하도록 하겠습니다.

4. 연습

※ 다음 보기에서 가장 알맞은 단어를 골라 '－도록 하다'를 사용하여 문장을 완성하십시오.

> 켜다   운동하다   이야기하다   졸다   나가다

1) 수업시간에 _____

2) 가 : 자꾸 살이 쪄서 걱정이에요.

　　나 : 살을 빼려면 규칙적으로 _____

3) 가 : 날씨가 더워요.

　　나 : 날씨가 더우면 에어컨을 _____

4) 가 : 한국어를 잘 하고 싶어요.

　　나 : 한국어를 잘 하고 싶으면 한국 사람과 많이 _____

5) 가 : 외국인 말하기 대회에 누가 나갈까요?

　　나 : 선생님! 제가 _____

때문에

1. 의미	명사 뒤에 붙어 원인이나 이유를 나타낸다.	

2. 형태

받침 ○	때문에	동생 때문에 엄마한테 혼났어요.
받침 ✕	때문에	비 때문에 소풍이 취소됐어요.

3. 용법

1) 원인이나 이유를 말할 때 사용한다.

등록금 때문에 아르바이트를 해요.

갑자기 나타난 자동차 때문에 깜짝 놀랐어요.

4. 연습

※ 다음 보기에서 가장 알맞은 단어를 골라 대화를 완성하십시오.

선물	감기	성격	눈	세미나

1) 가 : 어제 왜 학교에 안 왔어요? 아팠어요?

　나 : 네. ＿＿＿＿＿＿ 때문에 못 왔어요.

2) 가 : 왜 이렇게 늦었어요? 길이 많이 막혔어요?

　나 : 네. ＿＿＿＿＿＿ 때문에 교통사고가 나서 버스가 늦게 왔어요.

3) 가 : 그 사람은 왜 인기가 많아요?

　나 : 좋은 ＿＿＿＿＿＿ 때문에 인기가 많아요.

4) 가 : 리에 씨가 기분이 좋아 보이네요. 무슨 일이 있어요?

　나 : 남자친구가 사 준 ＿＿＿＿＿＿ 때문에 기분이 좋은가 봐요.

5) 가 : 내일 무슨 일로 제주도에 가요?

　나 : ＿＿＿＿＿＿ 때문에 가요.

를/을

1. 의미

명사와 함께 쓰여서 목적어를 나타낸다.

2. 형태

받침 ○	을	저는 부모님을 사랑해요.
받침 ×	를	우리는 한국어를 공부해요.

3. 용법

1) 목적어를 말할 때 사용한다.

나는 라면을 먹고 친구는 비빔밥을 먹었어요.
이번 주말에는 여자친구와 함께 영화를 볼 거예요.

2) 조사나 부사 뒤에서 강조를 말할 때 사용한다.

제 남자친구는 항상 저만을 사랑해요.
목이 아파서 말을 조금을 못 하겠어요.

4. 연습

※ 다음 (   )에 '를/을'을 넣으십시오.

1) 부모님은 저(   ) 사랑하십니다.

2) 밤새도록 컴퓨터 게임(   ) 해서 수업 시간에 계속 졸았어요.

3) 이번 겨울에 설악산(   ) 가기로 했어요.

4) 저는 테니스(   ) 칠 줄(   ) 몰라요.

5) 우리는 시험이 끝나기(   ) 기다렸다.

만

1. 의미	명사 뒤에 붙어 '단지', '오직', '오로지'의 의미를 나타낸다.	

2. 형태				
	받침 ○	만	책상만 비싸요.
	받침 ×	만	철수만 의사예요.

3. 용법

1) 제한함 또는 유일함을 말할 때 사용한다.

딱 한번만 말할 거야!

이 영화는 어른들만 볼 수 있어요.

2) 비교할 때 사용한다.

요리솜씨가 엄마만 못 하다.

아무리 멋있어도 우리 아빠만 할까?

3) 강조할 때 사용한다.

어이가 없어서 웃고만 있었다.

자꾸만 지각하면 선생님께 혼날 거예요.

4. 연습

※ 다음 그림을 보고 '만'을 사용하여 문장을 만드십시오.

지연 영희 희원

1) _____ 2) _____

사과 2개 1000   바나나 500

귤 4개 1000   포도 2700

3) _____ 4) _____

못

| 1. 의미 | 동사 앞에 쓰여 불가능을 나타낸다. |

2. 형태

동사	못	뜨거워서 못 먹겠어요.
형용사	못	×

3. 용법

1) 불가능할 때 사용한다.

다리를 다쳐서 수영을 못 해요.

한국 신문은 한자가 많아서 못 읽겠어요.

4. 연습

※ 다음 대화를 '못'을 사용하여 완성하십시오.

1) 가 : 어제 잘 잤어요?

　　나 : 아니요. 옆집에서 파티를 해서 ＿＿＿＿＿＿＿＿＿＿＿＿＿

2) 가 : 방학에 고향 잘 갔다 왔어요?

　　나 : 아니요. 비행기표가 없어서 ＿＿＿＿＿＿＿＿＿＿＿＿＿

3) 가 : 숙제했어요?

　　나 : 아니요. 친구 때문에 ＿＿＿＿＿＿＿＿＿＿＿＿＿

4) 가 : 경찰이 소매치기를 잡았대요?

　　나 : 소매치기가 너무 빨리 도망가서 ＿＿＿＿＿＿＿＿＿＿＿＿

5) 가 : 김 선생님 결혼하셨어요?

　　나 : 아니요. 아직 ＿＿＿＿＿＿＿＿＿＿＿＿＿＿＿＿＿

조금 더 알아볼까요?

명사에 '하다'가 붙어서 이루어진 동사의 경우 '못'은 '하다' 앞에 써요.

청소하다 → 청소 <u>못 하다</u>(O) / 못 청소하다(×)
노래하다 → 노래 <u>못 하다</u>(O) / 못 노래하다(×)

그리고 형용사에는 사용하지 않아요.

이 책은 <u>못</u> 재미있어요.(×)

－ㅂ니다/습니다

1. 의미

문장 끝에 쓰여 정중하게 동작이나 상태의 사실을 나타낸다.

2. 형태

받침 ○	－습니다	날씨가 덥습니다.
받침 ×	－ㅂ니다	주말에 여행을 갑니다.

3. 용법

1) 회의나 발표 등 공식적인 자리에서 말할 때 사용한다.

지금부터 회의를 시작하겠습니다.

제가 조사한 것은 한국여성들의 의식변화에 대한 것입니다.

2) 상대방에게 공손하게 말할 때 사용한다.

늦어서 죄송합니다.

처음 뵙겠습니다. 앞으로 잘 부탁드립니다.

4. 연습

※ 다음 보기에서 알맞은 단어를 골라 '－ㅂ니다/습니다'를 사용하여 문장을 완성하십시오.

많다	살다	기쁘다	무섭다	듣다

1) 우리 집에는 나무가 _____

2) 공부하면서 음악을 _____

3) 시험을 잘 봐서 _____

4) 동생은 서울에서 살고 저는 청주에서 _____

5) 선생님께서 화를 내니까 정말 _____

Q : 의문형은 어떻게 되나요?
A : 의문형은 '－ㅂ니까?/습니까?'를 사용합니다.
　　예를 들어 볼까요?

　가 : 어디에 <u>갑니까</u>?
　나 : 학교에 갑니다.

　가 : 집에 책이 <u>많습니까</u>?
　나 : 네. 책이 많습니다.

밖에

1. 의미

오직 그 명사뿐임을 나타낸다.

2. 형태

받침 ○	밖에	믿을 사람은 선생님밖에 없어.
받침 ×	밖에	하루 종일 한 끼밖에 못 먹었어요.

3. 용법

1) 다른 가능성이나 선택의 여지가 없을 때 사용한다.

양복이 한 벌밖에 없어서 한 벌 더 사려고 해요.

시험시간이 10분밖에 남지 않았으니까 이제 정리하세요.

4. 연습

※ 다음 보기에서 가장 알맞은 단어를 골라 대화를 완성하십시오.

> 천 원   수미 씨   세 시간   지금   한 번

1) 가 : 오늘은 몇 시간 공부했어요?

　　나 : 오늘은 ＿＿＿＿＿＿＿밖에 안 했어요.

2) 가 : 돈 좀 빌려 주세요.

　　나 : 미안해요. 저도 ＿＿＿＿＿＿＿밖에 없어요.

3) 가 : 제가 이 일을 할 수 있을까요?

　　나 : 그럼요. 이 일은 ＿＿＿＿＿＿＿밖에 할 수 없어요.

4) 가 : 지난번에 선 본 남자 많이 만났어요?

　　나 : 아니요. 바빠서 ＿＿＿＿＿＿＿밖에 못 만났어요.

5) 가 : 숙제를 지금 꼭 해야 해요?

　　나 : 네. ＿＿＿＿＿＿＿밖에 시간이 없어요.

조금 더 알아볼까요?

'만'과 '밖에'는 모두 '오직'의 의미가 있지만 뒤에 오는 문장의 형태가 달라요.
'만' 뒤에는 긍정과 부정이 모두 올 수 있지만, '밖에'는 부정만 올 수 있어요.

숙제가 어려워서 영희만 숙제를 해 왔어요. (○)
= 숙제가 어려워서 영희밖에 숙제를 안 해 왔어요. (○)

우리 반에서 영희만 숙제를 안 해 왔어요. (○)
우리 반에서 영희밖에 숙제를 했어요. (×)

보다

| 1. 의미 | 명사 뒤에 붙어 비교의 대상을 나타낸다. |

2. 형태

받침 ○	보다	저는 형보다 키가 커요.
받침 ×	보다	저는 버스보다 지하철을 더 좋아해요.

3. 용법

1) 서로 차이가 있는 것을 비교할 때 사용한다.

올해는 작년보다 눈이 많이 온대요.

그 선배는 우리보다 2년 늦게 졸업했어요.

4. 연습

※ 다음 그림을 보고 '보다'를 사용하여 문장을 만드십시오.

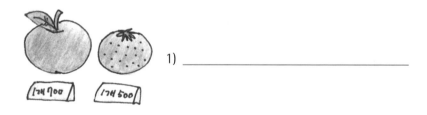

1) _____

2) _____

3) _____

4) _____

부터

1. 의미

명사 뒤에 붙어 어떤 범위의 시작점을 나타낸다.

2. 형태

받침 ○	부터	집에 가면 손부터 씻어요.
받침 ×	부터	9시부터 수업이 시작돼요.

3. 용법

1) 동작이나 상태가 시작될 때 사용한다.

작년부터 한국어를 공부하기 시작했어요.

매일 저녁 9시부터 10시까지 운동을 해요.

2) 어떤 동작을 하기 전에 먼저 다른 동작을 할 때 사용한다.

배고프니까 우선 식사부터 합시다.

아기가 울면 기저귀부터 봐야 합니다.

4. 연습

※ 다음 일과표를 보고 '부터'를 사용하여 대화를 완성하십시오.

❉ 에스더의 일과표

시간	일과
9:00 ~ 12:00	한국어 수업
12:30 ~ 1:30	점심식사
3:00 ~ 5:00	운동
7:00 ~ 9:00	공부

1) 가 : 한국어 수업은 언제 시작해요?

　　나 : _____.

2) 가 : 몇 시부터 운동해요?

　　나 : _____.

✽ 철수의 일과표

시간	일과
7:00	신문을 읽다
8:30	출근
10:00 ~ 11:30	회의
12:00 ~ 1:00	점심

1) 가 : 철수 씨는 아침에 일어나서 제일
먼저 뭘 해요?

　　나 : _____.

2) 가 : 회의는 몇 시부터 몇 시까지 해요?

　　나 : _____.

조금 더 알아볼까요?

시간이나 장소의 범위를 말할 때는 주로 'N부터(에서) N까지'를 사용해요.

서울<u>에서</u> 부산<u>까지</u> 버스로 5시간 정도 걸려요.
저는 매일 아홉시<u>부터</u> 열한시<u>까지</u> 수영을 해요.

−아/어 가다/오다

| 1. 의미 | 동작이나 상태의 진행을 나타낸다. |

2. 형태

모음 'ㅏ, ㅗ' 뒤	−아 가다/오다	오늘까지 신청서를 받아 가세요.
모음 'ㅓ, ㅜ, ㅡ, ㅣ' 뒤	−어 가다/오다	여행 가면 사진을 찍어 올게요.
'하다' 뒤	−해 가다/오다	내일까지 숙제를 해 오세요.

3. 용법

1) 동작이나 상태의 진행을 말할 때 사용한다.

　밥을 다 먹어 가니까 조금만 기다리세요.

　아까부터 조금씩 배가 아파 와요. 점심 먹은 게 체한 것 같아요.

2) 동작의 결과를 가지고 오거나 어떤 동작을 할 때 사용한다.

　붕어빵을 사 갈까요?

　내일까지 이 책을 모두 읽어 오세요.

4. 연습

※ 다음 보기에서 가장 알맞은 단어를 골라 '−아/어 가다/오다'를 사용하여 대화를 완성하십시오.

사다	하다	가지다	만나다	만들다

1) 가 : 숙제 다 했어요?

　　나 : 이제 다 _____

2) 가 : 그 회사는 자동차로 유명하죠?

　　나 : 네. 100년 동안 자동차만 _____

3) 가 : 그 사람은 성격이 이상해요.

   나 : 그러게요. 저도 5년을 _____ 아직도 성격을 잘 모르겠어요.

4) 가 : 환전을 하고 싶은데 무엇이 필요해요?

   나 : 신분증이 필요하니까 _____

5) 가 : 친구 생일 파티에 가는데 무엇을 _____ 좋을까요?

   나 : 꽃은 어때요?

−아/어 보다

| 1. 의미 | 동사 뒤에 붙어 어떤 일을 시도하거나 경험함을 나타낸다. |

2. 형태

모음 'ㅏ, ㅗ' 뒤	−아 보다	터키에 가 봤어요?
모음 'ㅓ, ㅜ, ㅡ, ㅣ' 뒤	−어 보다	이것 좀 먹어 보세요.
'하다' 뒤	−해 보다	한국요리를 해 볼까요?

3. 용법

1) 어떤 일을 시도하거나 경험할 때 사용한다.

한복을 입어 봤으면 좋겠어요.

키가 크고 싶으면 농구를 해 보세요.

4. 연습

※ 다음 보기에서 가장 알맞은 단어를 골라 '−아/어 보다'를 사용하여 문장을 완성하십시오.

| 앉다 | 만들다 | 부르다 | 사귀다 | 여행하다 |

1) 노래방에서 한국 노래를 _____

2) 이번 추석에는 송편을 _____

3) 지금까지 _____ 나라 중에 어디가 제일 좋아요?

4) 새로 산 의자에 _____ 아주 편했어요.

5) 그 사람은 아주 괜찮은 사람이니까 한번 _____

−아/어 보이다

1. 의미   형용사와 함께 쓰여 어떤 대상을 보고 짐작하여 말함을 나타낸다.

2. 형태

모음 'ㅏ, ㅗ' 뒤	−아 보이다	많이 아파 보이는데요.
모음 'ㅓ, ㅜ, ㅡ, ㅣ' 뒤	−어 보이다	그 사람 눈이 슬퍼 보여요.
'하다' 뒤	−해 보이다	결혼을 하니까 행복해 보여요.

3. 용법

1) 어떤 대상을 보고 짐작하여 말할 때 사용한다.

머리를 짧게 자르니까 더 젊어 보이는데요.

많이 추워 보이는데 따뜻한 차 한 잔 하러 갈까요?

4. 연습   ※ 다음 그림을 보고 '−아/어 보이다'를 사용하여 문장을 만드십시오.

1) _____ 2) _____

3) _____ 4) _____

−아/어 있다

1. 의미

어떤 동작이 완료된 후 그 상태나 결과가 지속됨을 나타낸다.

2. 형태

모음 'ㅏ, ㅗ' 뒤	−아 있다	제 동생은 지금 호주에 가 있어요.
모음 'ㅓ, ㅜ, ㅡ, ㅣ' 뒤	−어 있다	저기 걸려 있는 시계를 보세요.
'하다' 뒤	−해 있다	친구가 병원에 입원해 있어요.

3. 용법

1) 어떤 동작이 끝난 후 그 상태나 결과가 지속될 때 사용한다.

우리 학교에 개나리가 피어 있어요.

교실에 남아 있는 사람은 누구예요?

4. 연습

※ 다음 보기에서 가장 알맞은 단어를 골라 '−아/어 있다'를 사용하여 대화를 완성하십시오.

> 붙다   앉다   남다   눕다   들다

1) 가 : 케이크 다 먹었어요?

   나 : 아니요. 아직 많이 _____

2) 가 : 누가 오 선생님이세요?

   나 : 저기 창문 앞에 _____ 분이 오 선생님이세요.

3) 가 : 열쇠가 어디에 있었어요?

   나 : 주머니에 _____

4) 가 : 시험 장소가 어디예요?

   나 : 저기 게시판에 _____

5) 가 : 마이클이 오늘 학교에 왔나요?

　　나 : 아니요. 아직도 많이 아파서 집에 _____

조금 더 알아볼까요?

'-아/어 있다'는 동사 중 목적어가 필요 없는 동사와만 쓸 수 있어요.

책상 위에 책이 <u>놓여 있어요.</u> (○) / 창문이 <u>열려 있어요.</u> (○)

아침을 <u>먹어 있어요.</u> (×) / 나는 바지를 <u>입어 있어요.</u> (×)

−아/어 주다/드리다

1. 의미

다른 사람을 위해 어떤 행동을 하는 것을 나타낸다.

2. 형태

모음 'ㅏ, ㅗ' 뒤	−아 주다/드리다	이곳에 앉아 주세요.
모음 'ㅓ, ㅜ, ㅡ, ㅣ' 뒤	−어 주다/드리다	베트남 요리를 만들어 주었어요.
'−하다' 뒤	−해 주다/드리다	제가 청소해 드릴까요?

3. 용법

1) 다른 사람을 위해 어떤 행동을 할 때 사용한다.

너무 비싸요. 조금 깎아 주세요.

제가 전화번호를 적어 드릴 테니까 내일 전화 하세요.

4. 연습

※ 다음 보기에서 알맞은 단어를 골라 '−아/어 주다/드리다'를 사용하여 문장을 완성하십시오.

> 켜다   씻다   사다   태우다   칭찬하다

1) 날씨가 좀 더운데 에어컨을 _____

2) 남자친구 생일 선물로 자동차를 _____

3) 비가 오는데 제가 집까지 _____

4) 선생님은 학생들을 자주 _____

5) 할머니께 이 과일 좀 _____

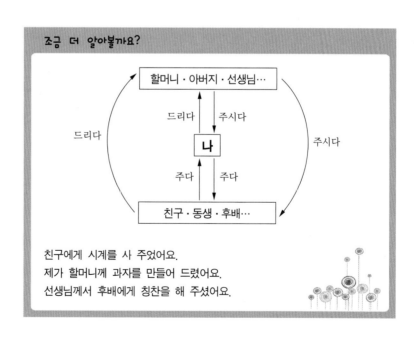

−아/어도

1. 의미

동사와 형용사 뒤에 붙어 양보나 가정을 나타낸다.

2. 형태

모음 'ㅏ, ㅗ' 뒤	−아도	배가 고파도 조금만 참으세요.
모음 'ㅓ, ㅜ, ㅡ, ㅣ' 뒤	−어도	약을 먹어도 좋아지지 않아요.
'하다' 뒤	−해도	아무리 운동해도 살이 빠지지 않아요.

3. 용법

1) 양보를 말할 때 사용한다.

아무리 비싸도 그 옷은 꼭 사겠어요.

그 때 택시를 탔어도 연극 시간에 늦었을 거예요.

2) 가정을 말할 때 사용한다.

그 사람 얼굴만 봐도 웃음이 나와요.

하루에 두 시간 이상 공부해도 쓰러지지 않으니까 걱정 마세요.

4. 연습

※ 다음을 보기와 같이 '−아/어도'를 사용하여 한 문장으로 만드십시오.

안내방송 / 듣다 / 모르겠다 → 안내방송을 들어도 모르겠어요.

1) 아무리 / 공부하다 / 성적 / 안 오르다

→ _____

2) 쉽다 / 한국어 책 / 사 주다 / 공부하지 않다

→ _____

3) 눈 / 많이 / 오다 / 학교 / 가다

→ _____

4) 아무리 / 바쁘다 / 여자친구 / 만나다

　　→ _____

5) 부모님 / 보고 싶다 / 지금 / 볼 수 없다

　　→ _____

-아/어도 되다

1. 의미

동사와 형용사 뒤에 붙어 허락이나 허용의 의미를 나타낸다.

2. 형태

모음 'ㅏ, ㅗ' 뒤	-아도 되다	9시가 되면 가도 됩니다.
모음 'ㅓ, ㅜ, ㅡ, ㅣ' 뒤	-어도 되다	이거 먹어도 돼요?
'하다' 뒤	-해도 되다	밤에 전화해도 될까요?

3. 용법

1) 어떤 일을 허락이나 허용할 때 사용한다.

가 : 여기에서 사진 찍어도 돼요?
나 : 네. 여기에서 사진 찍어도 돼요.

가 : 한국에서 신발을 신고 방에 들어가도 돼요?
나 : 아니요. 한국에서는 신발을 신고 방에 들어가면 안 돼요.

4. 연습

※ 다음 보기에서 알맞은 단어를 골라 '-아/어도 되다'를 사용하여 대화를 완성하십시오.

> 작다   입다   가다   가지다   버리다

1) 가 : 이 옷을 _____
   나 : 네. 입어 보세요.

2) 가 : 학교에 안 _____
   나 : 학교에 안 가면 안 돼요.

3) 가 : 이 잡지를 _____
   나 : 네. 버리세요.

4) 가 : 이 시계가 참 예쁘네요.

　　나 : 그 시계가 마음에 들면 _____

5) 가 : 방을 하나 구하고 싶은데요.

　　나 : 싼 방이 있는데, 방이 좀 _____

조금 더 알아볼까요?

- '–아/어노 되다'는 '–아/어도 좋다/괜찮다'와 바꿔 쓸 수도 있어요.

  오늘 일찍 <u>가도 됩니다</u>. → 오늘 일찍 <u>가도 좋아요</u>.

  　　　　　　　　　　　　　오늘 일찍 <u>가도 괜찮아요</u>.

- 부정 표현은 '–(으)면 안 되다'를 사용해요.

  가 : 오늘 일찍 가도 돼요?

  나 : 아니요. 일찍 <u>가면 안 돼요</u>.

―아/어서

1. 의미 순서나 원인, 이유를 나타낸다.

2. 형태

모음 'ㅏ, ㅗ' 뒤	―아서	학교에 가서 친구를 만날 거예요.
모음 'ㅓ, ㅜ, ㅡ, ㅣ' 뒤	―어서	방이 넓어서 좋아요.
'하다' 뒤	―해서	1등을 해서 칭찬 받았어요.

3. 용법

1) 동작의 시간적인 순서를 말할 때 사용한다.

친구를 만나서 같이 산에 갔어요.
자기소개서를 써서 이메일로 보내 주세요.

2) 어떤 상황의 원인, 이유가 될 때 사용한다.

꽃병을 깨서 엄마에게 혼났어요.
한옥은 여름에는 시원하고 겨울에는 따뜻해서 좋아요.

3) 상태의 지속을 말할 때 사용한다.

여기에 앉아서 기다리세요.
저는 누워서 책을 읽는 것을 좋아해요.

4. 연습

(1) 다음 그림을 보고 '-아/어서'를 사용하여 문장을 만드십시오.

1) _____

2) _____

(2) 다음 대화를 '-아/어서'를 사용하여 완성하십시오.

1) 가 : 왜 창문을 열었어요?

　　나 : _____

2) 가 : 왜 기분이 좋아요?

　　나 : _____

3) 가 : 요즘 남자친구를 안 만나요?

　　나 : _____

4) 가 : 여기에서 수영할 수 있어요?

　　나 : 아니요. _____

Q : 순서의 의미일 때 '−고'와 '−아/어서'는 무엇이 다른가요?
A : 둘 다 순서의 의미를 지니고 있지만 차이가 있습니다.
  '−고'는 끝남의 의미로 앞의 동작이 완전히 끝난 다음에 다음 동작을 하는 것
  입니다. 반면, '−아/어서'는 가짐의 의미가 있습니다. 그래서 앞의 것(상태나
  동작의 결과)을 가지고 뒤의 동작을 합니다.
  예를 들어 볼까요?

  수업이 끝나고 시내에 갈 거예요. → 수업이 끝난 다음에 시내에 갈 거예요.
  꽃을 사서 친구에게 줬어요. → 꽃을 샀어요. 그 꽃을 친구에게 줬어요.

● 연습해 볼까요?

※ 다음 그림을 보고 '─아/어서'와 '─고'를 사용하여 문장을 만드십시오.

1) _____

2) _____

─아/어야 되다/하다

1. 의미

동사나 형용사와 함께 쓰여 어떤 일이나 상황에 대한 의무나 당위, 필요성을 나타낸다.

2. 형태

모음 'ㅏ, ㅗ' 뒤	─아야 하다/되다	내일까지 가야 해요.
모음 'ㅓ, ㅜ, ㅡ, ㅣ' 뒤	─어야 하다/되다	밥을 먹고 약을 먹어야 해요.
'하다' 뒤	─해야 하다/되다	주말에 청소를 해야 돼요.

3. 용법

1) 어떤 일이나 상황에 대한 의무나 필요가 있을 때 사용한다.

모델이 되려면 키가 커야 돼요.

오늘까지 이 일을 끝내야 합니다.

4. 연습

※ 다음 보기에서 가장 알맞은 단어를 골라 '─아/어야 되다/하다'를 사용하여 대화를 완성하십시오.

> 타다　　　공부하다　　　보내다　　　넓다　　　착하다

1) 가 : 경복궁에 갈 때 2호선을 타면 되죠?

　나 : 아니요. 경복궁에 가려면 3호선을 ＿＿＿＿＿＿＿＿＿＿＿

2) 가 : 어떤 사람을 만나고 싶어요?

　나 : 무엇보다 ＿＿＿＿＿＿＿＿＿＿＿ 똑똑하면 좋겠어요.

3) 가 : 내일까지 ＿＿＿＿＿＿＿＿＿＿＿

　나 : 아니요. 이번 주까지만 보내 주면 돼요.

4) 가 : 오늘 저녁에 시간 있으면 같이 영화 볼까요?

   나 : 미안해요. 내일 시험이 있어서 _____

5) 가 : 우리 반은 학생이 많아서 교실이 _____

   나 : 그럼, 203호를 쓰세요.

−아/어요

1. 의미

문장 끝에 쓰여 동작이나 상태의 사실을 나타낸다.

2. 형태

모음 'ㅏ, ㅗ' 뒤	−아요	동대문에 사람이 많아요.
모음 'ㅓ, ㅜ, ㅡ, ㅣ' 뒤	−어요	아침에 빵을 먹어요.
'하다' 뒤	−해요	저는 주말에 운동해요.

3. 용법

1) 사실을 말할 때 사용한다.

저는 자기 전에 항상 책을 읽어요.
친구와 먹은 떡볶이가 정말 맛있었어요.

2) 질문할 때 사용한다.

어디에서 친구를 만나요?
선물로 받은 시계가 예뻤어요?

3) 명령을 말할 때 사용한다.

더우니까 에어컨 좀 켜요.
여기에서 잠깐만 기다려요.

4) 청유를 말할 때 사용한다.

시간도 많은데 영화나 봐요.
방학에 우리 같이 여행 가요.

4. 연습

※ 다음 보기에서 가장 알맞은 단어를 골라 '–아/어요'를 사용하여 문장을
완성하십시오.

> 크다　　　가다　　　읽다　　　노래하다　　　재미있다

1) 제 동생은 저보다 키가 _____

2) 한국어가 어렵지만 _____

3) 어제 친구가 준 책을 다 _____

4) 숙제 안 해 온 사람은 대신 _____

5) 내일 학교에 같이 _____

Q : 왜 '가아요'가 아니고 '가요'예요?

A : 한국어에는 다음과 같은 특징이 있습니다. 밑에 있는 표를 한번 잘 보십시오.

ㅏ + ㅏ ⇒ ㅏ	가다 + 아요 ⇒ 가요
ㅣ + ㅓ ⇒ ㅕ	마시다 + 어요 ⇒ 마셔요
ㅜ + ㅓ ⇒ ㅝ	배우다 + 어요 ⇒ 배워요
ㅗ + ㅏ ⇒ ㅘ	오다 + 아요 ⇒ 와요

−아/어지다

1. 의미

어떤 상태가 변화되어 감을 나타낸다.

2. 형태

모음 'ㅏ, ㅗ' 뒤	−아지다	한국 친구가 많아져서 좋아요.
모음 'ㅓ, ㅜ, ㅡ, ㅣ' 뒤	−어지다	작년보다 예뻐졌어요.
'하다' 뒤	−해지다	이제는 한국생활에 많이 익숙해졌어요.

3. 용법

1) 형용사와 함께 쓰여 변화될 때 사용한다.

   열심히 하면 한국어 실력이 좋아질 거예요.

   다음 달부터 과일 값이 비싸질 거라고 해요.

4. 연습

※ 다음 보기의 상황을 보고 '−아/어지다'를 사용하여 문장을 완성하십시오.

1) 3달 전 70Kg → 현재 50Kg

   → 3달 동안 수영을 했더니 _____

2) 중간고사 : 60점 → 기말고사 : 80점

   → 중간고사 때보다 성적이 _____

3) 짝사랑하는 남자 앞

   → 그 사람 앞에만 있으면 나도 모르게 얼굴이 _____ 창피해요.

4) 성형수술 전 → 성형수술 후

   → 수술 전에는 코가 낮았는데 수술 후에는 코가 _____

5) 가을 → 겨울

   → 겨울이 되니까 날씨가 많이 _____

Q : '맛있게 되다'와 '맛있어지다'는 어떻게 다른가요?

A : '—게 되다'와 '—아/어지다'는 모두 변화를 표현하는데 '—게 되다'는 결과에,
그리고 '—아/어지다'는 변화 과정에 중심을 두고 표현하는 것입니다.
그리고 ' 게 되디'는 '—아/어지나'에 비해 농사의 제약이 없습니다.
예를 들어 볼까요?

요리가 맛있게 되었어요.
→ 요리를 모두 끝낸 뒤에 맛을 보니 맛이 있다는 의미

요리가 맛있어졌어요.
→ 요리가 맛이 없었는데 아까보다 맛이 있음을 의미

안

1. 의미

동사나 형용사 앞에 쓰여 부정의 의미를 나타낸다.

2. 형태

동사	안	오늘 아파서 학교에 안 가요.
형용사	안	시험이 끝나서 안 바빠요.

3. 용법

1) 부정을 말할 때 사용한다.

날씨가 안 추우면 수영하러 갑시다.

숙제 안 하면 선생님께 혼날 거예요.

4. 연습

※ 다음 대화를 '안'을 사용하여 완성하십시오.

1) 가 : 청소했어요?

　　나 : 아니요. _____

2) 가 : 밥 먹었어요?

　　나 : 아니요. 아직 _____

3) 가 : 내일 시험인데 공부 많이 했어요?

　　나 : 아니요. _____

4) 가 : 그 영화 여자주인공이 예뻐요?

　　나 : 아니요. _____

5) 가 : 많이 피곤해요?

　　나 : 아니요. _____

조금 더 알아볼까요?

- '안'과 '—지 않다'는 바꿔 쓸 수 있어요.
  밥을 많이 먹었는데도 배가 <u>안</u> 불러요.
  = 밥을 많이 먹었는데도 배가 <u>부르지 않아요.</u>

- 명사에 '하다'가 붙어서 이루어신 동사의 경우 '안'은 '하다' 앞에 써요.
  공부하다 → 공부 <u>안</u> 하다(○) / 안 공부하다(×)
  빨래하다 → 빨래 <u>안 하다</u>(○) / 안 빨래하다(×)

  하지만 형용사의 경우는 모두 형용사 앞에 '안'을 써요.
  피곤하다 → <u>안 피곤하다</u>(○) / 피곤 안 하다(×)
  깨끗하다 → <u>안 깨끗하다</u>(○) / 깨끗 안 하다(×)

에

1. 의미

명사 뒤에 붙어 장소나 시간 또는 단위를 나타낸다.

2. 형태

받침 ○	에	서울에 갑니다.
받침 ×	에	학교에 갑니다.

3. 용법

1) 장소를 말할 때 사용한다.

백화점에 사람이 많습니다.

도서관 옆에 있는 연못은 데이트 장소로 유명합니다.

2) 진행 방향과 목적지를 말할 때 사용한다.

뉴욕에 도착하면 전화하세요.

서울에 가서 친구를 만날 거예요.

3) 시간을 말할 때 사용한다.

이번 방학에 중국어를 배우고 싶어요.

1시에 한국어 수업이 끝나고 영화를 봤어요.

4) 단위를 말할 때 사용한다.

저는 책을 한달에 세 권정도 읽어요.

어제 시장에서 산 사과는 하나에 1500원이었어요.

4. 연습

※ 그림을 보고 '에'를 넣어서 대화를 만드십시오.

1) 가 : 어디에 가세요?

　　나 : ＿＿＿＿＿＿＿＿＿＿＿

2) 가 : 이 사과는 얼마예요?

　　나 : ＿＿＿＿＿＿＿＿＿＿＿

3) 가 : 언제 자요?

　나 : _____

4) 가 : 약국은 어디에 있어요?

　나 : _____

5) 가 : 방학에 어디에 가요?

　나 : _____

6) 가 : 그 드라마는 몇 시에 시작해요?

　나 : _____

Q : '부산에 가요'와 '부산으로 가요'는 어떻게 다른가요?

A : '가다, 오다, 출발하다, 도착하다' 등과 같은 이동동사와 '에'가 쓰일 때는 '도착'
　　의 의미를 나타내고 '(으)로'는 '출발할 때 목표점이나 방향 또는 경유지'의 의미
　　를 나타냅니다.

　　예를 들어 볼까요?

　　나는 학교에 갔어요. – 도착
　　나는 학교로 갔어요. – 출발할 때 목표점이나 방향
　　나는 일본으로 해서 미국에 갔어요. – 경유지

에게

1. 의미

명사 뒤에 붙어 동작의 영향을 받는 대상을 나타낸다.

2. 형태

| 받침 ○ | 에게 | 그 책을 동생에게 보내세요. |
| 받침 × | 에게 | 고양이에게 생선을 줬어요. |

3. 용법

1) 동작의 영향을 받는 대상을 말할 때 사용한다.

   모르는 것이 있으면 선생님에게 물어 보세요.
   저는 외국사람에게 한국어를 가르치는 일을 하고 있습니다.

2) 무엇을 가지고 있거나 가지고 있는 대상을 말할 때 사용한다.

   박 선생님에게 한국어 사전이 있을 거예요.
   동생에게 여자친구가 생긴 것 같아요. 요즘 매일 늦게 들어와요.

3) 피동문에서 행위의 주체를 말할 때 사용한다.

   호랑이에게 잡힌 토끼가 떨고 있어요.
   수업 시간에 밥을 먹다가 선생님께 혼났어요.

4) 사동문에 쓰여 시킴을 받는 대상을 말할 때 사용한다.

   엄마가 저에게 심부름을 시켰어요.
   제가 올 때까지 아이에게 이 책을 두 번 읽게 하세요.

4. 연습 ※ 그림을 보고 '에게'를 넣어서 대화를 만드십시오.

1) 가 : 그 꽃을 누구에게 줄 거예요?

   나 : _____

2) 가 : 지금 뭐 해요?

   나 : _____

3) 가 : 도둑이 어떻게 됐어요?

   나 : _____

4) 가 : 이 약을 어떻게 할까요?

　나 : ＿＿＿＿＿＿＿＿＿＿＿＿

민이

5) 가 : 누가 옷이 많아요?

　나 : ＿＿＿＿＿＿＿＿＿＿＿＿

6) 가 : 누구에게 편지를 썼어요?

　나 : ＿＿＿＿＿＿＿＿＿＿＿＿

조금 더 알아볼까요?

• '한테'는 '에게'와 같은 말이에요. 하지만 '한테'는 대화할 때 더 많이 쓰인답니다. 그리고 '께'는 '에게'의 높임말이에요.

친구<u>에게</u> 한국어 책을 빌려 주었어요. = 친구<u>한테</u> 한국어 책을 빌려 주었어요.
할아버지<u>께</u> 선물을 드렸어요.

• '에게' 앞에 쓰이는 명사는 사람이나 동물이 와요.
요즘 <u>형</u>에게 좋은 일이 많이 생겼습니다.
<u>강아지</u>에게 밥을 주는 것을 잊지 마세요.

Q : 사람이나 동물이 아닌 경우에는 무엇을 써야 하나요?
A : 사람이나 동물이 아닌 명사일 경우에는 '에게'가 아니라 '에'를 씁니다.
예를 들어 볼까요?

저 <u>꽃</u>에 물을 주세요.
이 서류를 <u>회사</u>에 보내세요.

에게서

1. 의미	명사 뒤에 붙어 동작이 시작되는 대상을 나타낸다.	

2. 형태

받침 ○	에게서	동생에게서 전화가 왔어요.
받침 ×	에게서	친구에게서 편지가 왔어요.

3. 용법

1) 동작이 시작되는 대상을 말할 때 사용한다.

누구에게서 그 이야기를 들었어요?

남자친구에게서 나는 향수냄새가 아주 좋아요.

4. 연습

※ 그림을 보고 '에게서'를 넣어서 대화를 만드십시오.

1) 가 : 그 사전을 누구에게서 받았어요?
   나 : _____

2) 가 : 그 소식을 누구에게서 들었어요?
   나 : _____

3) 가 : 왜 그렇게 기분이 좋아요?
   나 : _____

4) 가 : 생일 선물 뭐 받았어요?
   나 : _____

5) 가 : 좋은 냄새가 어디서 나요?

　　나 : _____

6) 가 : 제일 아끼는 물건이 뭐예요?

　　나 : _____

조금 더 알아볼까요?

- '에게서' 앞에 쓰이는 명사는 사람이나 동물이 와요.

　친구에게서 전화가 왔어요.

　길에서 주운 강아지에게서 이상한 냄새가 나요.

- '한테서'는 '에게서'와 같은 말이에요. 하지만 대화할 때는 '한테서'를 더 많이
  사용합니다. 그리고 '에게서'의 높임말은 '께'예요.

　남자친구에게서 받은 선물이 참 좋아요.

　= 남자친구한테서 받은 선물이 참 좋아요.

　할머니께 용돈을 받았어요.

- '에게서'는 '에게'로 바꿔 쓸 수 있지만 '에게'는 '에게서'로 바꿀 수 있는 것도
  있고 없는 것도 있어요.

　누나에게서 받은 선물은 시계입니다.

　⇒ 누나에게 받은 선물은 시계입니다. (○)

　선생님에게 질문할 것이 있습니다.

　⇒ 선생님에게서 질문할 것이 있습니다. (×)

 제기요?

Q : 사람이나 동물이 아닌 경우에는 무엇을 써야 하나요?

A : 사람이나 동물이 아닌 명사일 경우에는 '에게서'가 아니라 '에서'를 씁니다.
　　예를 들어 볼까요?

　옷에서 냄새가 나요.

　학교에서 전화가 왔어요.

에서

1. 의미

명사 뒤에 붙어 동작이나 상태가 일어나고 있는 장소를 나타낸다.

2. 형태

받침 ○	에서	운동장에서 농구해요.
받침 ×	에서	학교에서 공부해요.

3. 용법

1) 동작이 일어나고 있는 장소를 말할 때 쓴다.

저는 은행에서 일해요.

공원에서 운동하는 사람들이 많아요.

2) 동작이 일어나는 출발점을 나타낸다.

서울에서 대전까지 KTX로 50분이면 돼요.

프랑스에 가는 비행기는 인천공항에서 출발해요.

3) 비교의 기준점을 나타낸다.

한국에서 가장 높은 산은 한라산이에요.

우리 반 여학생 중에서 제가 제일 예뻐요.

4. 연습

※ 다음 단어들을 '에서'를 사용하여 한 문장으로 만드십시오.

1) 하늘 / 비 / 내리다

   → _____

2) 기숙사 / 식당 / 까지 / 걷다 / 가요

   → _____

3) 라디오 / 나 / 좋아하다 / 노래 / 나오다

　→ ＿＿＿＿＿＿＿＿＿＿＿＿＿＿＿＿＿＿＿＿＿

4) 2017년 동계올림픽 / 평창 / 열리다

　→ ＿＿＿＿＿＿＿＿＿＿＿＿＿＿＿＿＿＿＿＿＿

5) 이 / 식당 / 우리 동네 / 제일 / 좋다 / 식당이다

　→ ＿＿＿＿＿＿＿＿＿＿＿＿＿＿＿＿＿＿＿＿＿

−(으)ㄴ 적이 있다/없다

1. 의미	동사와 함께 쓰여서 과거에 그런 경험이 있거나 없음을 나타낸다.

2. 형태

받침 ○	−은 적이 있다/없다	제주도에서 귤을 먹은 적이 있어요.
받침 ×	−ㄴ 적이 있다/없다	독도에 가 본 적이 있어요?

3. 용법

1) 과거의 경험이 있고 없을 때 사용한다.

고등학교 때 미팅해 본 적 있어요?

이 책을 읽은 적이 없어서 무슨 내용인지 모르겠어요.

4. 연습

※ 다음 보기에서 가장 알맞은 단어를 골라 '−(으)ㄴ 적이 있다/없다'를 사용하여 문장을 완성하십시오.

좋아하다	먹다	감다	걸다	만들다

1) 선생님을 _____

2) 남자 친구를 위해서 케이크를 _____

3) 한국에 와서 고향에 전화를 _____

4) 삼계탕을 _____ 같이 먹으러 갈까요?

5) 내 친구는 시험 기간에 머리를 _____ 적이 없어요.

Q : '–(으)ㄴ적이 있다/없다'와 '–(으)ㄴ일이 있다/없다'는 어떻게 다른가요?
A : 보통 두 가지를 바꿔서 사용할 수 있습니다.
　　하지만 의미 차이가 조금 있습니다.
　　'–(으)ㄴ적이 있다/없다'는 과거 경험의 '시간'을 의미하고, '–(으)ㄴ 일이 있다/
　　없다'는 과거 경험의 '사건'을 의미합니다.
　　예를 들어 볼까요?

　　작년에 친구와 제주도에 간 적이 있어요.
　　→ 상황이 일어난 시간으로 제주도에 간 '그 때'를 이야기합니다.

　　바닷가에서 회를 먹은 일이 있어요.
　　→ 바닷가에서 회를 먹은 '사건'을 이야기합니다.

−(으)ㄴ 후에

1. 의미

앞의 동작이 끝난 다음에 다른 동작이 일어남을 나타낸다.

2. 형태

| 받침 ○ | −은 후에 | 밥을 먹은 후에 일을 할까요? |
| 받침 × | −ㄴ 후에 | 운동을 한 후에 샤워를 했어요. |

3. 용법

1) 어떤 동작을 먼저 하고 다음 동작을 할 때 사용한다.

수업이 끝난 후에 친구를 만났어요.

이 책을 읽은 후에 독후감을 쓰세요.

4. 연습

※ 다음 일과표를 보고 '−(으)ㄴ 후에'를 사용하여 문장을 만드십시오.

✽ 아리야의 일과표

시간	일과
9:00 ~ 12:00	한국어 수업
12:30	점심식사
3:00	친구를 만나다
5:00	영화를 보다

1) 한국어 수업을 _____

2) 친구를 _____

✽ 철수의 일과표

시간	일과
7:00	신문을 읽다
8:30	출근
11:00	커피를 마시다
2:00	회의

1) 신문을 _____

2) 커피를 _____

조금 더 알아볼까요?

• '−(으)ㄴ 후'는 '−(으)ㄴ 뒤에', '−(으)ㄴ 다음에'와 바꿔 쓸 수 있어요.

밥을 <u>먹은 후에</u> 이를 닦으세요.
  = 밥을 <u>먹은 뒤에</u> 이를 닦으세요.
  = 밥을 <u>먹는 다음에</u> 이를 닦으세요.

• 명사와 사용할 때는 '−후에'를 사용하는데 이 때 명사는 '시간' 또는 '동안'의
  의미를 갖고 있는 명사예요.

<u>수업 후에</u> 시내에 갈까요?
<u>조금 후에</u> 친구가 올 거예요.
<u>3분 후에</u> 맛있는 라면을 먹을 수 있어요.

−(으)ㄴ/는/(으)ㄹ 모양이다

1. 의미

동작이나 상태를 보고 추측함을 나타낸다.

2. 형태

동사	과거 추측	받침 ○	−은 모양이다	그 빵을 동생이 먹은 모양 이에요.
		받침 ×	−ㄴ 모양이다	학교에 간 모양이에요.
	현재 추측	받침 ○ / 받침 ×	−는 모양이다	라디오를 듣는 모양이에요. 조용한 걸 보니 자는 모양 이에요.
	미래 추측	받침 ○	−을 모양이다	사진을 찍을 모양이에요.
		받침 ×	−ㄹ 모양이다	눈이 올 모양이에요.
형용사	현재 추측	받침 ○	−은 모양이다	돈이 많은 모양이에요.
		받침 ×	−ㄴ 모양이다	숙제 때문에 바쁜 모양이 에요.
명사	현재 추측	받침 ○ / 받침 ×	−인 모양이다	학생인 모양이에요. 의사인 모양이에요.

2. 용법

1) 추측할 때 사용한다.

시험 때문에 힘든 모양이에요.

게임을 하는 걸 보니 숙제를 다 한 모양이에요.

3. 연습

※ 다음 보기에서 알맞은 단어를 골라 '-(으)ㄴ/는/(으)ㄹ 모양이다'를 사용하여 문장을 완성하십시오.

> 피곤하다　　　아프다　　　만나다　　　읽다　　　맑다

1) 열이 나는 걸 보니 많이 _____

2) 외출 준비를 하는 걸 보니 친구를 _____

3) 이 책 내용을 다 아는 걸 보니 이 책을 _____

4) 늦게까지 일해서 _____

5) 아침에 안개가 낀 걸 보니 오늘 날씨가 _____

Q : '내가 김치를 먹어 봤는데 매운 모양이에요.'는 맞는 문장인가요?

A : 틀린 문장입니다. '-(으)ㄴ/는/(으)ㄹ 모양이다'는 네가 경험한 일에 대해서는 쓸 수 없습니다. 그래서 내가 김치를 먹었기 때문에 '-(으)ㄴ/는/(으)ㄹ 모양이다'는 쓸 수 없는 것입니다. 내가 경험한 일에 대해서 쓰고 싶을 때는 '-(으)ㄴ/는/(으)ㄹ 것 같다'를 사용합니다.

예를 들어 볼까요?

내가 제주도에 가 보니까 경치가 <u>아름다운 모양이에요.</u> (×)

→ 내가 제주도에 가 보니까 경치가 <u>아름다운 것 같아요.</u> (○)

−(으)ㄴ/는/(으)ㄹ/인 것

1. 의미	명사처럼 쓰여 주어나 목적어로 사용된다.

2. 형태

동사	과거	받침 ○	−은 것	어제 먹은 것은 라면이에요.
		받침 ×	−ㄴ 것	작년에 공부한 것은 일본어예요.
	현재	받침 ○ 받침 ×	−는 것	음식을 만드는 것이 즐거워요. 외국어를 배우는 것은 힘들어요.
	미래	받침 ○	−을 것	내일 입을 것이 없어요.
		받침 ×	−ㄹ 것	친구에게 보낼 것이 이 책이에요.
형용사		받침 ○	−은 것	그녀가 인기가 많은 것은 사실이에요.
		받침 ×	−ㄴ 것	중요한 것은 사람의 마음이에요.
명사		받침 ○ / 받침 ×	−인 것	그가 범인인 것으로 밝혀졌어요. 그 분이 우리 어머니인 것이 행복합니다.

3. 용법

1) 어떤 사실을 서술하거나 설명할 때 사용한다.

   제 친구는 컴퓨터 게임을 하는 것이 취미입니다.
   아흐멧 씨는 한국사람과 이야기 하는 것을 좋아해요.

2) 강조해서 말할 때 사용한다.

   네가 지금 해야 할 것은 한국어 공부야.
   우리가 선생님께 드린 것은 콜라가 아니라 커피예요.

4. 연습

※ 다음 문장을 읽고 맞으면 ○, 틀리면 × 하십시오.

1) 어제 읽는 것은 한국역사책입니다.   (   )

2) 제일 불편한 것은 에어컨이 없는 것입니다.   (   )

3) 다음 달에는 꼭 요가를 배울 것입니다.   (   )

4) 좋는 것을 사려면 백화점으로 가세요.   (   )

5) 제 친구는 자기 전에 책 읽는 것을 좋아해요.   (   )

−(으)ㄴ/는/(으)ㄹ/인 것 같다

1. 의미

동작이나 상태에 대한 추측이나 불확실한 단정을 나타낸다.

2. 형태

동사	과거 추측	받침 ○	−은 것 같다	이 책을 읽은 것 같아요.
		받침 ×	−ㄴ 것 같다	그 영화를 본 것 같아요.
	현재 추측	받침 ○ / 받침 ×	−는 것 같다	밥을 먹는 것 같아요. 지금 자는 것 같아요.
	미래 추측	받침 ○	−을 것 같다	주말에 책을 읽을 것 같아요.
		받침 ×	−ㄹ 것 같다	내일 서울에 갈 것 같아요.
형용사	현재 추측	받침 ○	−은 것 같다	기분이 좋은 것 같아요.
		받침 ×	−ㄴ 것 같다	기분이 나쁜 것 같아요.
	미래 추측	받침 ○	−을 것 같다	내일 날씨가 맑을 것 같아요.
		받침 ×	−ㄹ 것 같다	그 옷이 비쌀 것 같아요.
명사	현재 추측	받침 ○ / 받침 ×	−인 것 같다	그 사람은 학생인 것 같아요. 형이 의사인 것 같아요.

3. 용법

1) 동작이나 상태를 추측할 때 사용한다.

   옷이 작은 걸 보니 살이 찐 것 같아요.

   동생이 요즈음 도서관에서 열심히 공부하는 것 같아요.

2) 확실한 사실이지만 자신의 생각을 부드럽게 말할 때 사용한다.

   가 : 영희 결혼식에 갈 수 있어?

   나 : 글쎄, 일이 많아서 못 갈 것 같은데.

   가 : 오늘 본 영화가 어떠셨어요?

   나 : 내용도 좋고 연기도 좋고 재미있는 것 같아요.

4. 연습

※ 다음 그림을 보고 보기에서 알맞은 단어를 골라 '-(으)ㄴ/는/(으)ㄹ인 것 같다'를 이용하여 문장을 만드십시오.

> 춥다　　슬프다　　좋다　　운동하다　　만들다　　쓰다

1) ＿＿＿＿＿＿＿＿＿＿

2) ＿＿＿＿＿＿＿＿＿＿

3) ＿＿＿＿＿＿＿＿＿＿

4) ＿＿＿＿＿＿＿＿＿＿

5) ＿＿＿＿＿＿＿＿＿＿

6) ＿＿＿＿＿＿＿＿＿＿

Q : 형용사의 경우 현재와 미래가 어떻게 달라요?

A : 예를 들어 설명해 보겠습니다.

'날씨가 더운 것 같아요.'의 경우 직접 경험한 후에 말하는 것이고, '날씨가 더울 것 같아요.'의 경우는 어떤 상황을 보고 더울 거라고 추측하여 말하는 것입니다.

다시 말해서 확실하고 직접적인 근거가 있을 때는 현재 시제를 사용하고, 간접적인 근거가 있을 때는 미래형으로 사용합니다.

-(으)ㄴ/는데

1. 의미

뒤 문장을 말하기 위한 배경을 나타낸다.

2. 형태

동사	과거		-았/었는데	태국음식을 먹었는데 아주 맛있었어요. 학교에 갔는데 영희가 안 왔어요.
	현재	받침 ○ / 받침 ×	-는데	한국역사 책을 읽는데 어려워요. 집에 가는데 비가 왔어요.
형용사	과거		-았/었는데	이 옷이 작년에는 작았는데 지금은 커요. 어제는 더웠는데 오늘은 추워요.
	현재	받침 ○	-은데	옷이 많은데 또 사요?
		받침 ×	-ㄴ데	키는 큰데 얼굴이 못생겼어요.
명사	과거	받침 ○	-이었는데	전에는 서점이었는데 지금은 은행이에요.
		받침 ×	-였는데	그녀는 배우였는데 인기가 많았어요.
	현재	받침 ○ / 받침 ×	-인데	형인데 동생보다 키가 작아요. 그 사람은 가수인데 노래를 못해요.

3. 용법

1) 뒤 문장의 사실에 대한 배경을 말할 때 사용한다.

   날씨가 이렇게 추운데 짧은 치마를 입은 사람이 많아요.
   요즘 유행하는 노래를 들었는데 아주 신나는 노래였어요.

2) 뒤 문장에 대한 이유나 근거를 말할 때 사용한다.

   날씨가 더운데 팥빙수나 먹을까요?
   이 집이 과일을 싸게 파는데 여기에서 과일을 삽시다.

3) 앞 문장과 뒤 문장을 대조할 때 사용한다.

　우리 언니는 날씬한데 저는 뚱뚱해요.
　아이들은 과자는 잘 먹는데 밥은 잘 먹지 않아요.

4) 명사일 경우 소개나 설명의 의미로 많이 사용한다.

　제 친구는 터키사람인데 김치를 아주 좋아합니다.
　이것은 30년 전에 산 사진기인데 우리 아버지가 가장 아끼시는 거예요.

4. 연습

※ 다음 문장 중에서 틀린 곳을 찾아 맞게 고치십시오.

　1) 저 가방은 크는데 이 가방은 작아요.

　　→ _____

　2) 어제 이메일을 보냈은데 받았어요?

　　→ _____

　3) 내 휴대폰는데 영상통화를 할 수 있어요.

　　→ _____

　4) 나는 비빔밥을 좋아한데 친구는 불고기를 좋아해요.

　　→ _____

　5) 은행에 간데 같이 갈래요?

　　→ _____

−(으)ㄴ/는데요

1. 의미

문장의 종결을 나타낸다.

2. 형태

동사	과거		−았/었는데요	그 빵은 제가 먹었는데요. 어제 학교에 갔는데요.
	현재	받침 ○ / 받침 ×	−는데요	방에서 책을 읽는데요. 지금 숙제를 하는데요.
형용사	과거		−았/었는데요	어제는 날씨가 좋았는데요. 작년에는 날씬했는데요.
	현재	받침 ○	−은데요	돈이 아주 많은데요.
		받침 ×	−ㄴ데요	지금은 좀 바쁜데요.
명사	과거	받침 ○	−이었는데요	초급 선생님이었는데요.
		받침 ×	−였는데요	10년 전에는 유명한 가수였는데요.
	현재	받침 ○ / 받침 ×	−인데요	한국대학교 학생인데요. 그 사람은 일본 배우인데요.

3. 용법

1) 상대방의 반응을 기대하며 말할 때 사용한다.

가 : 선생님, 질문이 하나 있는데요. 이게 뭐예요?

나 : 한국 전통음식인 빈대떡이에요.

가 : 오늘 영화 보러 갈래요?

나 : 오늘은 바쁜데요.

가 : 그래요? 그럼 내일 갑시다.

2) 의외의 사실에 대한 감탄을 말할 때 사용한다.

민수가 100점을 받았는데요!

와, 이거 맛있는데요! 누가 만들었어요?

3) 주로 의문사와 함께 쓰여 질문할 때 사용한다.

　　가 : 누가 늦게 왔는데요?

　　나 : 철수가 늦게 왔는데요.

　　가 : 오늘 집에 왜 일찍 가는데요?

　　나 : 아파서 일찍 가요.

4. 연습

※ 다음 보기에서 가장 알맞은 단어를 골라 '-(으)ㄴ/는데요'를 사용하여 문장을 완성하십시오.

> 밝다　　만나다　　시험이다　　복잡하다　　어울리다

1) 치마가 바지보다 더 _____

2) 이 방이 훨씬 _____

3) 어제 왜 학교 안 왔어요? 어제 _____. 몰랐어요?

4) 가 : 오늘 저녁에 누구를 _____

　　나 : 남자친구를 _____

5) 가 : 아까는 길이 많이 _____. 지금은 어때요?

　　나 : 지금도 복잡하니까 지하철을 타세요.

−(으)ㄴ/는/인가 보다

1. 의미

어떤 사실을 보고 동작이나 상태를 추측할 때 사용한다.

2. 형태

동사	과거		−았/었는가 보다 (−았었나 보다)	비가 왔는가 봐요. (=비가 왔나 봐요.)
	현재	받침 ○ / 받침 ×	−는가 보다 (−나 보다)	도서관에서 책을 읽는가 봐요. (=도서관에서 책을 읽나 봐요.)
	미래	받침 ○	−을 건가 보다	조금 뒤에 씻을 건가 봐요.
		받침 ×	−ㄹ 건가 보다	내일 만날 건가 봐요.
형용사	과거		−았/었는가 보다 (−았/었나 보다)	예전에는 예뻤는가 봐요. (=예전에는 예뻤나 봐요.)
	현재	받침 ○	−은가 보다	인기가 많은가 봐요.
		받침 ×	−ㄴ가 보다	일이 많아서 바쁜가 봐요.
	미래	받침 ○	−을 건가 보다	내일 날씨가 맑을 건가 봐요.
		받침 ×	−ㄹ 건가 보다	아이가 클 건가 봐요
명사	과거	받침 ○	−이었나 보다	그 때 산 것이 컴퓨터였나 봐요.
		받침 ×	−였나 보다	예전에는 유명한 가수였나 봐요.
	현재	받침 ○ / 받침 ×	−인가 보다	아버지가 선생님인가 봐요. 여기가 학교인가 봐요.

3. 용법

1) 추측을 말할 때 사용한다.

아기가 우는 걸 보니 배가 고픈가 봐요.

친구가 비행기표를 예약하는 걸 보니 방학에 고향에 가는가 봐요.

4. 연습

※ 다음 문장을 연결하고 '-(으)ㄴ/는/인가 보다'를 사용하여 한 문장으로 만드십시오.

1) 약속시간에 늦다 •	• 비가 오다
2) 구름이 끼다 •	• 여자친구와 헤어지다
3) 기분이 좋다 •	• 길이 복잡하다
4) 화장을 하다 •	• 월급을 타다
5) 술을 많이 마시다 •	• 데이트가 있다

(1) 약속시간에 늦는 걸 보니까 길이 복잡한가 봐요.

(2) _____

(3) _____

(4) _____

(5) _____

-(으)니까

1. 의미	원인, 이유나 근거를 나타낸다.

2. 형태

동사 / 형용사	받침 ○	-으니까	밥을 먹으니까 배가 불러요.
	받침 ×	-니까	저 옷이 예쁘니까 삽시다.
명사	받침 ○	-이니까	학생이니까 공부를 열심히 하세요.
	받침 ×	-니까	가수니까 노래를 잘할 거예요.

3. 용법

1) 이유 또는 원인을 말할 때 사용한다.

   아이를 찾았으니까 안심하세요.

   결혼하니까 해야 할 일이 많아요.

2) 판단의 근거를 말할 때 사용한다.

   알고 보니까 그 사람이 결혼을 했더군요.

   도서관에 사람이 많은 걸 보니까 시험 기간인 것 같아요.

3) 몰랐던 사실을 알게 되거나 행동의 결과를 말할 때 사용한다.

   백화점에 가니까 세일을 하고 있었다.

   가족사진을 보니까 부모님이 보고 싶어졌어요.

4. 연습

※ 다음 문장을 연결하고 '-(으)니까'를 사용하여 한 문장으로 만드십시오.

1) 길이 복잡합니다 •	• 교실에 학생이 없었어요
2) 날씨가 더워요 •	• 극장에 사람이 많아요
3) 일요일이에요 •	• 아이스크림을 먹읍시다
4) 공부를 열심히 해요 •	• 걸어서 가세요
5) 학교에 갑니다 •	• 성적이 올랐어요

(1) 길이 복잡하니까 걸어서 가세요.

(2) _____

(3) _____

(4) _____

(5) _____

Q : '-아/어서'와 '-(으)니까' 모두 이유의 의미가 있는데 무엇이 다른가요?

A : 모두 이유를 나타내지만 뒤에 오는 문장이 청유문이거나 명령문일 때는 '-아/어서'는 쓸 수 없습니다.

예를 들어 볼까요?

추우니까 문을 닫았어요. (○) − 추워서 문을 닫았어요. (○)
추우니까 문을 닫으세요. (○) − 추워서 문을 닫으세요. (×)

그리고 '-아/어서'에는 과거를 나타내는 어미 '-았-/-었-'이나 미래, 의지, 추측을 나타내는 어미 '-겠-' 등과 함께 쓸 수 없습니다.

예를 들어 볼까요?

비가 많이 왔어서 집에 있었어요. (×) − 비가 많이 와서 집에 있었어요. (○)
비가 많이 오겠어서 집에 있을 거예요. (×) − 비가 많이 올 것 같아서 집에 있을 거예요. (○)

미안하다, 고맙다, 죄송하다, 반갑다 등은 대부분 '-아/어서'와 쓰이고 '-(으)니까'와는 거의 쓰이지 않습니다.

예를 들어 볼까요?

늦어서 미안합니다. (○) − 늦으니까 미안합니다. (×)
만나서 반갑습니다. (○) − 만나니까 반갑습니다. (×)
초대해 주셔서 감사합니다. (○) − 초대해 주니까 감사합니다. (×)

-(으)러

1. 의미	행동의 목적을 나타낸다.

2. 형태

받침 ○	-으러	밥 먹으러 같이 갈래요?
받침 ×	-러	공부하러 도서관에 가요.

3. 용법

1) 행동의 목적을 말할 때 사용한다.

친구를 만나러 커피숍에 갔어요.

오늘까지 수료증을 받으러 사무실로 오세요.

4. 연습

※ 다음 대화를 '-(으)러'를 사용하여 완성하십시오.

1) 가 : 어디 가요?

　　나 : 친구 ＿＿＿＿＿＿ 백화점에 가요.

2) 가 : 무슨 일로 프랑스에 갔어요?

　　나 : 프랑스어를 ＿＿＿＿＿＿ 갔어요.

3) 가 : 학교에 뭐 하러 왔어요?

　　나 : 다음 주에 시험이 있어서 ＿＿＿＿＿＿ 왔어요.

4) 가 : 오늘 아침에 왜 일찍 나갔어요?

　　나 : 어제 술을 많이 마셔서 해장국을 ＿＿＿＿＿＿ 일찍 나갔어요.

5) 가 : 수영장에 왜 다녀요?

　　나 : 살을 ＿＿＿＿＿＿ 다녀요.

'–(으)러' 뒤에 오는 동사는 주로 '가다, 오다, 다니다' 등과 같은 이동동사하고 쓰여요.

−(으)려고

1. 의미

어떤 행동을 하고 싶어 하는 주어의 의지나 의도를 나타낸다.

2. 형태

받침 ○	−으려고	만화책만 읽으려고 해요.
받침 ×	−려고	자려고 하는데 전화가 왔어요.

3. 용법

1) 앞으로 어떤 행동을 할 주어의 의지나 의도를 말할 때 사용한다.

   좋은 자리에 앉으려고 아침 일찍 왔어요.

   커피를 한 잔 뽑아서 선생님께 드리려고 해요.

2) 앞으로 일어날 것 같은 동작이나 상태의 변화를 말할 때 사용한다.
   : 주로 '−(으)려고 하다'의 형태로 사용한다.

   비가 오려고 해요.

   해가 지려고 하니 빨리 산을 내려갑시다.

4. 연습

※ 다음을 보기와 같이 '−(으)려고'를 사용하여 한 문장으로 만드십시오.

꽃 / 친구 / 주다 / 사다 → 친구에게 주려고 꽃을 샀어요.

1) 되다 / 법대 / 변호사 / 입학하다

   → _____

2) 살 / 수영장 / 매일 / 다니다 / 빼다

   → _____

3) 지각하지 않다 / 일어나다 / 일찍

   → _____

4) 먹다 / 사다 / 동생 / 케이크 / 같이

 → _____

5) 세 번 / 일주일 / 아르바이트 / 등록금 / 하다 / 내다

 → _____

Q : '-(으)러'와 '-(으)려고'는 어떻게 다른가요?
A : 첫째, 보통 '-(으)러'는 뒤에 '오다, 가다, 다니다' 등과 같은 이동동사와 많이
   쓰이고, '-(으)려고'는 대부분의 동사와 같이 쓰일 수 있습니다.
   둘째, '-(으)러'는 이동동사와 결합할 수 없지만 '-(으)려고'는 결합할 수 있습
   니다.
   셋째, '-(으)러'는 명령형과 청유형을 쓸 수 있지만 '-(으)려고'는 쓸 수 없습
   니다.
   예를 들어 볼까요?

1) 한국어를 배우러 한국에 왔어요. (○)
   한국어를 배우러 한국어 책을 샀어요. (×)

   한국어를 배우려고 한국에 왔어요. (○)
   한국어를 배우려고 한국어 책을 샀어요. (○)

2) 시내에 가러 정류장에 갔어요. (×)
   시내에 가려고 정류장에 갔어요. (○)

3) 공부를 하러 도서관에 갑시다. (○)
   공부를 하려고 도서관에 갑시다. (×)

   빨리 운동하러 가세요. (○)
   빨리 운동하려고 가세요. (×)

―(으)려면

1. 의미	동사 뒤에 붙어 뒤 문장이 앞 문장의 선행조건이 됨을 나타낸다.	

2. 형태	받침 ○	―으려면	손을 씻으려면 화장실로 가세요.
	받침 ×	―려면	비행기를 타려면 공항에 가야 해요.

3. 용법

1) 주어의 의도에 대한 조건을 말할 때 사용한다.

옷을 갈아입으려면 탈의실로 가세요.

대학 신청을 하려면 한국어 능력시험 5급을 통과해야 해요.

2) 앞으로 어떤 일이 일어날 것을 말할 때 사용한다.

수업이 끝나려면 30분 남았어요.

물이 끓으려면 잠시 기다려야 해요.

4. 연습

※ 다음 대화를 '―(으)려면'을 사용하여 완성하십시오.

1) 가 : 언제 퇴근해요?

　　나 : 지금 5시예요. ＿＿＿＿＿＿＿＿＿＿ 1시간이나 남았어요.

2) 가 : 도서관에서 책을 빌리고 싶은데 무엇이 필요해요?

　　나 : ＿＿＿＿＿＿＿＿＿＿ 학생증이 필요해요.

3) 가 : 박 선생님을 만나러 왔는데요. 어디 계세요?

　　나 : 퇴근하셨어요. 박 선생님을 ＿＿＿＿＿＿＿ 내일 다시 오세요.

4) 가 : 휴대폰을 잃어버렸어요. 어떻게 찾지요?

　　 나 : ＿＿＿＿＿＿＿＿＿＿ 분실물 센터에 가 보세요.

5) 가 : 이 문이 안 닫혀요.

　　 나 : 문을 ＿＿＿＿＿＿＿＿＿＿ 옆으로 미세요.

(으)로

1. 의미

명사 뒤에 붙어 방향이나 도구 및 수단을 나타낸다.

2. 형태

받침 ○	으로	숟가락으로 드세요.
받침 ×	로	위로 올라가세요.

3. 용법

1) 방향을 말할 때 사용한다.

청주로 가는 버스는 어디에서 타나요?
오른쪽으로 조금만 더 가면 병원이 나와요.

2) 도구 및 수단을 말할 때 사용한다.

볼펜으로 쓰지 말고 연필로 쓰세요.
서울에서 부산까지 KTX로 가면 빨리 갈 수 있어요.

3) 재료를 말할 때 사용한다.

깍두기는 무로 담그는 거예요.
솜사탕은 설탕으로 만들어서 아이들이 좋아해요.

4. 연습

※ 다음 (   )안에 '(으)로'를 사용하여 문장을 완성하십시오.

1) 이 케이크는 과일(   ) 만들었어요.

2) 5시까지 도서관 앞(   ) 모이세요.

3) 시간이 없으니까 택시(   ) 갑시다.

4) 방학이 되면 할머니가 계신 시골(   ) 놀러갑니다.

5) 하늘이 먹구름(   ) 덮인 걸 보니 비가 올 것 같아요.

Q : '청주로 가요.'와 '청주에 가요.'는 무엇이 다른가요?

A : '청주로 가요.'는 청주 쪽으로 간다는 방향의 의미가 강하고, '청주에 가요.'는 청주가 목적지라는 장소의 의미가 강합니다.

−(으)면

1. 의미

동사나 형용사 뒤에 붙어 조건이나 가정을 나타낸다.

2. 형태

받침 ○	−으면	밤에 먹으면 살쪄요.
받침 ×	−면	옷이 비싸면 사지 마세요.

3. 용법

1) 조건을 말할 때 사용한다.

더우면 에어컨을 켜세요.

영화가 보고 싶으면 저에게 전화하세요.

2) 가정을 말할 때 사용한다.

로또에 당첨되면 뭐 할 거예요?

네가 파티에 왔으면 더 재미있었을 텐데…….

4. 연습

※ 다음 대화를 '−(으)면'을 사용하여 완성하십시오.

1) 가 : 옷이 작아졌어요.

　　나 : 옷이 ＿＿＿＿＿＿＿＿＿＿＿＿＿＿＿＿

2) 가 : 내일 문화체험 가요?

　　나 : 네. 그렇지만 ＿＿＿＿＿＿＿＿＿＿＿＿＿

3) 가 : 투명인간이 되면 뭐 하고 싶어요?

　　나 : ＿＿＿＿＿＿＿＿＿＿＿＿＿＿＿＿＿＿＿ .

4) 가 : 이 인형 누가 만들었어요? 정말 예뻐요.

　나 : 제가 만들었어요. 이 인형이 ＿＿＿＿＿＿＿＿＿＿＿＿.

5) 가 : 내일 ＿＿＿＿＿＿＿＿＿＿ 학교에 안 갈 거예요.

　나 : 안 돼요. 무슨 일이 있어도 꼭 와야 해요.

—(으)면 되다/안 되다

1. 의미

어떤 동작이나 상태를 만족시키는 조건을 나타낸다.

2. 형태

받침 ○	—으면 되다 / 안 되다	이 약은 식사 전에 먹으면 안 돼요.
받침 ×	—면 되다 / 안 되다	내일 9시까지 오면 돼요?

3. 용법

1) 어떤 행위나 상태를 만족시킬 만한 조건을 말할 때 사용한다.

이번 주까지 등록금을 내면 돼요.

수업 시간에 껌을 씹으면 안 됩니다.

4. 연습

(1) 해외여행을 갑니다. 무엇을 준비하면 돼요?

1) _____

2) _____

3) _____

(2) 여기는 도서관입니다. 무엇을 하면 안 돼요?

1) _____

2) _____

3) _____

−(으)면 좋겠다

1. 의미

동사와 형용사 뒤에 붙어 희망이나 바람을 나타낸다.

2. 형태

받침 ○	−으면 좋겠다	날씨가 맑으면 좋겠다.
받침 ×	−면 좋겠다	시험을 잘 보면 좋겠다.

3. 용법

1) 말하는 사람의 희망이나 바람을 말할 때 사용한다.

나도 준서처럼 영어를 잘 했으면 좋겠어요.

이 옷에 어울리는 가방을 하나 사면 좋겠어요.

4. 연습

※ 다음을 보기와 같이 '−(으)면 좋겠다'를 사용하여 완성하십시오.

> 너무 졸려요. 커피를 <u>마시면 좋겠어요</u>.

1) 작년에 대학에 떨어졌어요. 이번에는 꼭 _____

2) 나이가 벌써 서른이에요. 올해는 _____

3) 비가 와요. 칼국수나 빈대떡을 _____

4) 다음 달에 노래대회에 나가요. 1등을 _____

5) 운동을 해서 땀이 너무 많이 나요. 빨리 _____

조금 더 알아볼까요?

'−(으)면 좋겠다'는 '−았/었으면 좋겠다'와 바꿔 쓸 수 있어요.
또 '좋겠다'는 '하다/싶다'와 바꿔 쓸 수 있어요.

이모가 소개해 주는 사람이 키가 <u>크면 좋겠다</u>.

= 키가 <u>컸으면 좋겠다</u>.

= 키가 <u>컸으면 해요</u>.

= 키가 <u>컸으면 싶어요</u>.

-(으)면서

1. 의미

동작이나 상태·사실이 동시에 일어남을 나타낸다.

2. 형태

받침 ○	-으면서	빵을 먹으면서 공부해요.
받침 ×	-면서	커피를 마시면서 책을 읽어요.

3. 용법

1) 동시에 일어나는 동작을 말할 때 사용한다.

   그녀는 웃으면서 인사해요.

   제 동생은 샤워하면서 노래를 불러요.

2) 동시에 일어나는 상태·사실을 말할 때 사용한다.

   리에 씨는 예쁘면서 친절해요.

   저 분은 선생님이면서 대학원생입니다.

4. 연습

※ 다음 그림을 보고 '-(으)면서'를 사용해서 문장을 만드십시오.

1) _____

2) _____

3) _____

15,000

4) _____

-(으)ㅂ시다

1. 의미

어떤 행동을 같이 하기를 제안함을 나타낸다.

2. 형태

받침 ○	-읍시다	오늘 저녁에 같이 밥을 먹읍시다.
받침 ×	-ㅂ시다	내일 파티에 같이 갑시다.

3. 용법

1) 어떤 행동을 같이 하자고 제안할 때 사용한다.

저기 자리가 있네요. 빨리 가서 앉읍시다.

다음 주가 시험인데 같이 도서관에 가서 공부합시다.

2) 어떤 일을 요구하고 양해를 구할 때 사용한다.

가 : 수민이가 만든 케이크가 정말 맛있어요.

나 : 그래요? 그럼 나도 좀 먹어 봅시다.

가 : 밥을 해야 하는데 뭐부터 해야 하지요?

나 : 쌀부터 씻읍시다.

4. 연습

※ 다음 대화를 '-(으)ㅂ시다'를 사용하여 완성하십시오.

1) 가 : 밥 먹고 영화나 볼까요?

　　나 : 네. _____

2) 가 : 시간이 좀 남는데 커피나 _____

　　나 : 그러지요.

3) 가 : 설날인데 무엇을 먹을까요?

　　나 : _____

4) 가 : 방이 좀 추운데요.

　　나 : 그럼 창문을 _____

5) 가 : 너무 시끄러워요. 좀 _____

　　나 : 네. 알겠습니다.

−(으)세요

1. 의미

동사 뒤에 붙어 명령을 나타낸다.

2. 형태

받침 ○	−으세요	이쪽으로 앉으세요.
받침 ×	−세요	목요일 아침 9시까지 오세요.

3. 용법

1) 상대방을 높여 명령할 때 사용한다.

본문을 2번 읽고 3번 쓰세요.
식사 후에는 이를 꼭 닦으세요.

2) 주어를 높여 말할 때 사용한다.

선생님, 어디 가세요?
할머니께서는 청주에 사세요.

4. 연습

※ 다음 보기와 같이 '−(으)세요'를 사용하여 문장을 완성하십시오.

> 저는 친구를 만나요.
> → 고모께서는 친구를 만나세요.

1) 제니가 신문을 읽어요.

→ 아버지께서 _____

2) 민이가 무엇을 만들어요?

→ 어머니께서 _____

3) 밍밍이 거실에서 텔레비전을 봐요.

  → 할아버지께서 _____

4) 가 : 제 자리는 어디인가요?

  나 : 여기에 _____. 바로 제 옆자리예요.

5) 가 : 선생님, 숙제를 언제까지 해야 돼요?

  나 : 다음주까지 _____

조금 더 알아볼까요?

'-(으)세요'와 '-(으)십시오'는 의미가 같아요. 그렇지만 '-(으)십시오'는 공식적인 자리에서 더 많이 사용해요.

-(으)시-

1. 의미	동작이나 상태의 주체를 높이는 뜻을 나타낸다.	

2. 형태

받침 ○	-으시-	선생님이 의자에 앉으십니다.
받침 ×	-시-	도착하시면 연락 주세요.

3. 용법

1) 주어를 높일 때 서술어에 사용한다.

많이 아프시면 병원에 가세요.

아빠는 매일 아침 식사 전에 신문을 보십니다.

2) 주어와 관련된 것을 높일 때 사용한다.

어머님, 요즘 어떻게 지내셨어요?

구두가 불편하시면 운동화로 바꿔 신으십시오.

4. 연습

※ 다음 보기와 같이 '-(으)시-'를 사용하여 문장에 맞게 고치십시오.

> 친구가 집에 갑니다. → 어머니께서 집에 가십니다.

1) 동생이 일찍 일어났습니다.

→ 할머니께서 일찍 _____

2) 저는 서재에서 책을 읽습니다.

→ 아버지께서 서재에서 책을 _____

3) 우리 아들은 스케이트를 잘 탑니다.

    → 아버지께서는 스키를 잘 _____

4) 10년 전에는 저도 예뻤습니다.

    → 이모께서는 10년 전에도 _____

5) 요즘 한국노래를 듣습니다.

    → 요즘 삼촌께서는 한국노래를 _____

조금 더 알아볼까요?

몇몇 동사는 '-(으)시-'의 형태로 쓰지 않고 높임을 나타내는 말이 따로 있어요.

"자다 → 주무시다, 먹다/마시다 → 드시다/잡수시다, 있다 → 계시다
죽다 → 돌아가시다, 주다 → 드리다" 등이 있어요.

–(으)ㄹ 거예요

1. 의미

미래의 일이나 추측을 나타낸다.

2. 형태

동사	과거 추측		–았/었을 거예요	이 책은 이미 읽었을 거예요. 지난주에 편지를 보냈을 거예요.
	의지 / 추측	받침 ○	–을 거예요	자동차는 제가 닦을 거예요.
		받침 ×	–ㄹ 거예요	동생은 다음주에 여행 갈 거예요.
형용사	과거 추측		–았/었을 거예요	키가 작았을 거예요. 10년 전에는 날씬했을 거예요.
	추측	받침 ○	–을 거예요	저 케이크가 더 맛있을 거예요.
		받침 ×	–ㄹ 거예요	백화점이 더 비쌀 거예요.

3. 용법

1) 미래의 일을 말할 때 사용한다.

   방학에 어디에 갈 거예요?
   언니는 다음 달에 유학을 갈 거예요.

2) 추측을 말할 때 사용한다.

   1시니까 수업이 끝났을 거예요.
   출퇴근 시간이라서 길이 복잡할 거예요.

3) 주어의 의지를 말할 때 사용한다.

   나는 다음 달부터 수영장에 다닐 거예요.
   저는 내년에는 꼭 대학에 합격할 거예요.

4. 연습

※ 다음 대화를 '–(으)ㄹ 거예요'를 사용하여 완성하십시오.

   1) 가 : 이번 방학에 뭐 할 거예요?
      나 : _____

2) 가 : 내일 날씨가 어떨까요?

　 나 : _____

3) 가 : 선생님이 지금 어디에 계실까요?

　 나 : _____

4) 가 : 이 가방을 언제 샀을까요?

　 나 : _____

5) 가 : 철수씨 형은 졸업 후에 회사에 다닐 거예요?

　 나 : 아니요. _____

조금 더 알아볼까요?

동사의 경우 의지와 추측의 구분은 주어에 의해 결정돼요.
주어가 1인칭일 경우는 의지이고, 2·3인칭일 경우는 추측을 의미해요.

내일 (저는) 파마하러 미용실에 갈 거예요. - 의지
내일 엄마는 파마하러 미용실에 가실 거예요. - 추측

Q : '-(으)ㄹ 거예요'와 '-겠-'은 무엇이 다른가요?
A : '-겠-'은 '-(으)ㄹ 거예요'보다 말하는 사람의 의지가 강합니다.

　 다음부터 숙제를 <u>하겠습니다</u>. → 말하는 사람의 의지가 강하다.
　 다음부터 숙제를 <u>할 거예요</u>. → 말하는 사람의 의지가 약하다.

　 이따가 시간이 있으면 숙제를 <u>할 거예요</u>.
　 죄송합니다. 다음부터는 숙제를 꼭 <u>하겠습니다</u>.

• '-겠-'은 현재의 사실을 근거로 추측하여 화자의 주관적 의지가 강하고, '-(으)
ㄹ 거예요'는 과거의 경험을 근거로 추측하고 '-겠-'보다는 의지가 약합니다.
예를 들어 볼까요?

　 오늘 눈이 오고 바람이 부니 내일 길이 <u>미끄럽겠어요</u>.
　 → 현재의 사실을 근거로 추측

　 지금까지 1등을 했으니까 이번 시험에도 1등을 <u>할 거예요</u>.
　 → 과거의 경험을 근거로 추측

-(으)ㄹ 때

1. 의미

어떤 동작이나 상황이 일어난 시간이나 동안을 나타낸다.

2. 형태

동사/형용사	받침 ○	-을 때	기분이 좋을 때 춤을 춰요.
	받침 ×	-ㄹ 때	공부할 때 음악을 들어요.
명사	받침 ○ / 받침 ×	-일 때	대학생일 때 약혼을 했어요. 아기일 때가 제일 좋은 것 같아요.

3. 용법

1) 동작이나 상황이 계속되고 있는 시간이나 동안을 말할 때 사용한다.

시간이 많을 때 주로 뭐 하세요?

일본으로 여행을 갈 때는 비자가 필요 없대요.

4. 연습

※ 다음 보기에서 알맞은 단어를 골라 '-(으)ㄹ 때'를 사용하여 문장을 완성
하십시오.

> 복잡하다   만들다   웃다   아프다   쉬다

1) 불고기를 _____ 배를 넣으면 더 맛있어요.

2) 길이 _____ 나가면 고생이에요.

3) 혼자 살면서 _____ 엄마 생각이 많이 나요.

4) 공부를 다 하고 _____ 주로 게임을 하거나 채팅을 해요.

5) 너는 _____ 제일 예뻐.

조금 더 알아볼까요?

'때'는 일부 시간을 나타내는 '시험, 장마, 명절, 방학, 학생' 등과 같은 명사 뒤에 쓰여 어떤 시점을 나타낸답니다.

<u>대학생</u> 때 배낭여행을 했어요.
<u>시험</u> 때가 되면 도서관에 자리가 없어요.
<u>명절</u> 때는 가족들이 모두 모여서 좋습니다.

그렇지만 '오전, 오후, 주말, 요일, 주, 달' 등의 명사와는 쓰이지 않아요.

<u>주말</u> 때 놀이공원에 가 봤어요? (×)
<u>금요일</u> 때 시내에 사람이 많아요. (×)
<u>오전</u> 때 도서관에 가면 사람이 거의 없어요. (×)

−(으)ㄹ래요

1. 의미

동사 뒤에 붙어 앞으로 할 일에 대한 자신의 의지나 의사를 나타낸다.

2. 형태

받침 ○	−을래요	밥 먹고 씻을래요.
받침 ×	−ㄹ래요	나랑 같이 갈래요?

3. 용법

1) 말하는 사람이 어떤 일을 할 의지나 의사를 말할 때 사용한다.

오늘 오후에는 영화 보러 갈래요.

오늘은 집에서 비디오나 보면서 쉴래요.

2) 상대방의 의사를 물어 볼 때 사용한다.

나랑 같이 사물놀이 배울래요?

제가 제일 좋아하는 노래인데 한번 들어 볼래요?

4. 연습

※ 다음 보기와 같이 '−(으)ㄹ래요'를 사용하여 한 문장으로 만드십시오.

> 봄 소풍 / 놀이공원 / 가다 → 봄 소풍 때 놀이공원에 갈래요.

1) 우리 / 같이 / 등산 / 가다

→ _____

2) 좋은 사람 / 있다 / 만나다

→ _____

3) 이 책 / 재미있다 / 읽다

→ _____

4) 휴대전화 / 비싸다 / 사다

→ _____

5) 머리 / 길다 / 머리를 깎다

→ _____

조금 더 알아볼까요?

'-(으)ㄹ래요'는 동사와만 사용해요. 그리고 주어가 1인칭일 때는 서술문만 오고, 주어가 2인칭일 때는 의문의 형태로 쓰여 제안의 의미로 사용돼요.

지훈 : 저는 방학에 고향으로 돌아갈래요. 준서 씨는 뭐 할래요?
준서 : 저는 공부하면서 아르바이트를 할래요.

−(으)ㄹ 수 있다/없다

1. 의미	동사와 함께 쓰여 가능성이나 능력을 나타낸다.

2. 형태

받침 ○	−을 수 있다 / 없다	한국어를 읽을 수 있어요
받침 ×	−ㄹ 수 있다 / 없다	오늘은 바빠서 갈 수 없어요.

3. 용법

1) 가능성을 말할 때 사용한다.

오늘 저녁에 우리 집에 올 수 있어요?

먹지 않고 살 수 있는 사람은 없어요.

2) 능력을 말할 때 사용한다.

다리를 다쳐서 달리기를 할 수 없어요.

우리 반에서 피아노를 칠 수 있는 사람이 몇 명이에요?

4. 연습

※ 다음 단어를 연결하고 '−(으)ㄹ 수 있다/없다'를 사용하여 한 문장으로 만드십시오.

1) 독일어 •   • 그리다(○)

2) 한국화 •   • 하다(×)

3) 북 •   • 타다(×)

4) 스키 •   • 치다(○)

5) 한국노래 •   • 부르다(○)

(1) 독일어를 할 수 없어요. _____

(2) _____

(3) _____

(4) _____

(5) _____

−(으)ㄹ 줄 알다/모르다

1. 의미	동사와 함께 쓰여 능력이나 방법을 나타낸다.	

2. 형태

받침 ○	−을 줄 알다 / 모르다	한국어를 읽을 줄 알아요.
받침 ×	−ㄹ 줄 알다 / 모르다	운전할 줄 몰라요.

3. 용법

1) 능력이나 방법을 말할 때 사용한다.

김치를 담글 줄 알아요?

저는 술을 마실 줄 몰라요.

4. 연습

※ 다음 그림을 보고 '−(으)ㄹ 줄 알다/모르다'를 사용하여 문장을 만드십시오.

1) _____ 2) _____

3) _____ 4) _____

Q : '-(으)ㄹ 수 있다/없다'와 '-(으)ㄹ 줄 알다/모르다'는 무엇이 다른가요?

A : 모두 능력을 나타내는데, 배워서 할 수 있는 능력을 강조해서 이야기할 때는
대체로 '-(으)ㄹ 줄 알다/모르다'를 사용합니다.

예를 들어 볼까요?

다리를 다쳐서 수영할 수 없어요.
→ 수영하는 방법을 알지만 다리를 다쳐서 지금 수영을 할 수 없어요.

수영할 줄 몰라요.
→ 수영을 배우지 않아서 수영하는 방법을 몰라요.

수영할 수 있어요.
→ 수영할 수 있는 능력이 있어요.

수영할 줄 알아요.
→ 수영을 배워서 수영할 수 있는 능력이 있음을 강조해서 말해요.

−(으)ㄹ 테니(까)

1. 의미

뒤 문장에 대한 조건으로 의지나 추측을 나타낸다.

2. 형태

받침 ○	−을 테니(까)	사람이 많을 테니까 다음에 갑시다.
받침 ×	−ㄹ 테니(까)	다음 주에 시험 볼 테니까 공부하세요.

3. 용법

1) 말하는 사람의 의지를 말할 때 사용한다.

과일은 제가 씻을 테니 음료수를 준비하세요.

10분 후에 갈 테니까 조금만 더 기다려 주세요.

2) 말하는 사람의 추측을 말할 때 사용한다.

선생님이 학교에 계실 테니 학교로 가자.

눈이 와서 길이 미끄러울 테니까 운전을 조심하세요.

4. 연습

※ 다음 대화를 '−(으)ㄹ 테니까'를 사용하여 완성하십시오.

1) 가 : 다음 주에 산에 가야 하는데 날씨가 좋을까요?

　　나 : 날씨가 _____

2) 가 : 음식이 많이 남았는데 어떡하죠?

　　나 : 내가 _____

3) 가 : 대학에 합격할 수 있을까요?

　　나 : 그럼요. _____

4) 가 : 선생님, 말이 너무 빨라요.

　　나 : 그럼, 천천히 _____

5) 가 : 언제까지 그 일을 마칠 수 있어요?

　　　나 : 내일까지 ＿＿＿＿＿＿＿＿＿＿＿＿＿＿＿＿＿＿＿

조금 더 알아볼까요?

주어가 1인칭일 때 동사가 오면 의지의 의미이고, 주어가 3인칭일 때 동사가
오면 추측의 의미가 돼요. 그리고 형용사가 오면 추측의 의미가 된답니다. 이때
보통 뒤에 오는 문장은 청유형이나 명령형이 많이 와요.

동　사 : <u>제가</u> 그 빵을 <u>먹을</u> 테니까 그냥 두세요.(의지)
　　　　　<u>그 사람이</u> <u>갈</u> 테니까 걱정하지 마세요.(추측)
형용사 : 날씨가 <u>추울</u> 테니까 옷을 많이 입으세요.(추측)

-(으)ㄹ게요

1. 의미

동사에 붙어 말하는 사람의 의지나 약속을 나타낸다.

2. 형태

받침 ○	-을게요	남은 케이크는 제가 먹을게요.
받침 ×	-ㄹ게요	제가 청소할게요.

3. 용법

1) 말하는 사람의 의지나 약속을 말할 때 사용한다.

올해는 꼭 술을 끊을게요.

비가 오면 제가 데리러 갈게요.

4. 연습

※ 다음 보기에서 알맞은 단어를 골라 '-(으)ㄹ게요'를 사용하여 문장을 완성하십시오.

> 도와주다   떠들다   듣다   기다리다   안다

1) 시끄럽게 해서 죄송합니다. 이제 그만 _____

2) 이 일이 끝나면 제가 동생을 _____

3) 5분만 더 _____ 빨리 오세요.

4) 아기는 제가 _____ 이 가방 좀 들어 주세요.

5) 걱정 마세요. 앞으로 부모님 말씀을 잘 _____

조금 더 알아볼까요?

주어는 1인칭만 되며 2 · 3인칭은 쓸 수 없어요. 그리고 서술문으로만 써요.

네가 선생님에게 전화할게요. (×)
그가 오늘 저녁을 살게요. (×)
내가 다음 주까지 비행기표를 예매할게요? (×)

−(으)ㄹ까요?

1. 의미

동사와 형용사 뒤에 붙어 제안이나 추측을 나타낸다.

2. 형태

받침 ○	−을까요?	무엇을 먹을까요?
받침 ×	−ㄹ까요?	그 가방이 비쌀까요?

3. 용법

1) 어떤 일을 제안할 때 사용한다.

　커피나 한 잔 할까요?
　시간도 많은데 책이나 읽을까요?

2) 일반적인 질문이나 추측하며 질문할 때 사용한다.

　이 옷을 입으면 예쁠까요?
　선생님이 나를 왜 찾으실까요?

4. 연습

※ 다음 보기에서 알맞은 단어를 골라 '−(으)ㄹ까요?'를 사용하여 대화를
완성하십시오.

가다	크다	앉다	좋아하다	춥다

1) 가 : 월요일부터 휴가인데 같이 여행을 _____

　나 : 네. 같이 갑시다. 어디로 _____

2) 가 : 여자친구 선물로 반지를 샀는데 _____

　나 : 그럼요. 좋아할 거예요.

3) 가 : 이번 겨울도 작년 겨울처럼 _____

   나 : 글쎄요. 춥지 않으면 좋겠어요.

4) 가 : 우리 아이는 키가 작아서 걱정이에요.

   농구를 하면 키가 _____

   나 : 농구를 하면 키가 큰대요. 한번 시켜 보세요.

5) 가 : 어디에 _____

   나 : 여기에 앉으세요.

조금 더 알아볼까요?

제안의 뜻일 때는 주어가 1인칭이며 동사와 사용해요. 그리고 대답으로는 '–
(으)ㅂ시다'를 많이 사용해요.
추측의 뜻일 때는 수어가 3인칭이며 동사와 형용사가 모두 올 수 있어요. 그리
고 대답으로는 '–(으)ㄹ 거예요'를 많이 사용해요.

가 : 오늘 초복인데 삼계탕이나 먹을까요?(제안)
나 : 네, 좋아요. 먹으러 갑시다.

가 : 유 선생님이 결혼을 하셨을까요?(추측)
나 : 반지를 낀 걸 보니 결혼을 하셨을 거예요.

145

의

1. 의미	명사와 명사 사이에 쓰여서 소유 및 소재, 소속을 나타낸다.		

2. 형태			
	받침 ○	의	선생님의 가방
	받침 ×	의	친구의 책

3. 용법

1) 소유를 말할 때 사용한다.

이 사전의 주인은 누구입니까?
우리 반에서 철수의 집이 제일 커요.

2) 소재 또는 소속을 말할 때 사용한다.

저는 대한민국의 국민입니다.
한국에서 대구의 사과가 유명해요.

3) 주체를 말할 때 사용한다.

나의 결심은 변하지 않아요.
우리의 목표는 대학교에 입학하는 것입니다.

4) 동작의 목표나 대상을 말할 때 사용한다.

학문의 연구는 끝이 없습니다.
이 빌딩의 설계자는 우리 아버지입니다.

4. 연습

※ 다음 그림을 보고 '의'를 사용하여 대화를 만드십시오.

1) 가 : 이것은 누구의 것입니까?

　　나 : _____.

2) 가 : 쌀은 어디 쌀이 맛있어요?

　　나 : _____.

3) 가 : 올해 목표가 뭐예요?

　　나 : _____.

4) 가 : 오늘은 무슨 날입니까?

　　나 : _____.

Q : '나의'와 '내'는 같은 의미인가요?
A : 네, 같은 의미예요.
　 '나, 저, 너'는 '의'와 결합하면 '내, 제, 네'로 줄여서 말할 수 있어요.
　 예를 들어 볼까요?

　 나의 방에는 텔레비전이 있어요. → 내 방에는 텔레비전이 있어요.
　 저의 동생은 친구가 아주 많아요. → 제 동생은 친구가 아주 많아요.
　 너의 어머니는 정말 미인이시구나! → 네 어머니는 정말 미인이시구나!

이/그/저

1. 의미

사람 및 사물을 가리키는 말을 나타낸다.

2. 형태

사람/분	사물	장소
이 사람 / 이 분	이것 / 이 N	이곳
그 사람 / 그 분	그것 / 그 N	그곳
저 사람 / 저 분	저것 / 저 N	저곳

3. 용법

1) '이' : 말하는 사람과 가까이 있는 사람이나 사물을 말할 때 사용한다.

이 사람은 누구입니까?

이 가방은 제 동생의 가방입니다.

2) '그' : 듣는 사람과 가까이 있는 사람이나 사물을 말할 때 사용한다.

그 분은 우리 할머니입니다.

그곳은 우리나라에서 제일 높은 산이 있는 곳입니다.

3) '저' : 말하는 사람과 듣는 사람 모두 멀리 있는 사람이나 사물을 말할 때 사용한다.

저것은 무엇입니까?

저 식당은 맛이 없으니까 가지 맙시다.

4) '그' : 말하는 사람과 듣는 사람이 서로 알고 있는 사람이나 사물을 말할 때 사용한다.

우리가 어제 본 그 옷을 삽시다.

지난번에 봤던 그 사람은 요즘 뭐하고 있대요?

| 4. 연습 | ※ 다음 그림을 보고 '이/그/저'를 사용하여 대화를 만드십시오. |

1) 가 : 그 가방은 누구의 가방입니까?　　2) 가 : 이것은 뭐예요?

　 나 : _____.　　　　　 나 : _____.

3) 가 : 저것은 무엇입니까?　　　　　4) 가 : 이것은 무엇입니까?

　 나 : _____.　　　　 나 : _____.

(이)나

1. 의미

명사 뒤에 붙어 나열이나 선택을 나타낸다.

2. 형태

받침 ○	이나	귤이나 바나나를 사 오세요.
받침 ×	나	우유나 마십시다.

3. 용법

1) 둘 이상의 대상을 나열하거나 선택할 때 사용한다.

이번 주말에 산이나 바다로 놀러 갑시다.

저는 출근할 때 주로 버스나 지하철을 이용해요.

2) 차선의 것을 선택할 때 사용한다.

비도 오는데 막걸리나 마시러 갈까요?

할 일이 없어서 그냥 잠이나 자려고 해요.

3) 수량이 생각보다 많을 때 사용한다.

추석 때 부산까지 열 시간이나 걸렸어요.

오늘은 학생이 열 명이나 와서 정말 기뻐요.

4. 연습

※ 다음 (   )에 '(이)나'를 사용하여 문장을 완성하십시오.

1) 편지를 쓰려고 하는데 볼펜(   ) 연필 있으면 좀 빌려 주세요.

2) 설날에 떡국을 세 그릇(   ) 먹었어요.

3) 오랜만에 만났는데 차(   ) 한 잔 합시다.

4) 겨울이 되면 스키(   ) 스케이트를 타러 갈 겁니다.

5) 돈도 없는데 집에 가서 TV(   ) 보자.

−지 말다

1. 의미	어떤 동작의 금지를 나타낸다.

2. 형태

받침 ○	−지 말다	동생이 올 때까지 케이크를 먹지 마세요.
받침 ×	−지 말다	비가 오면 산에 가지 맙시다.

3. 용법

1) 동작의 금지를 말할 때 사용한다.

　: 명령형, 청유형으로 사용한다.

수업 시간에 모자를 쓰지 마세요.

날씨가 추우니까 치마를 입지 말고 바지를 입읍시다.

4. 연습

※ 다음 그림을 보고 '−지 말다'를 사용하여 문장을 만드십시오.

1) _____ 　 2) _____

3) _____ 　 4) _____

−지 않다

1. 의미	동사와 형용사 뒤에 붙어 부정을 나타낸다.	

2. 형태

받침 ○	−지 않다	그 산은 생각보다 높지 않았어요.
받침 ×	−지 않다	오늘 많은 학생들이 학교에 오지 않았어요.

3. 용법

1) 부정을 말할 때 사용한다.

상민 씨 여자친구가 소문보다 예쁘지 않아서 실망했어요.

다음 주에 시험이 있어서 이번 주말에는 남자친구를 만나지 않으려고 해요.

4. 연습

※ 다음 대화를 '−지 않다'를 사용하여 완성하십시오.

1) 가 : 시험인데 왜 열심히 _____

　　나 : 죄송합니다. 열심히 공부하겠습니다.

2) 가 : 토요일에 영화를 볼 거예요?

　　나 : 아니요. 영화를 _____ 쇼핑을 할 거예요.

3) 가 : 기숙사에서 팝송을 들었어요?

　　나 : 아니요. 팝송을 _____ 한국노래를 들었어요.

4) 가 : 집이 학교에서 멀어요?

　　나 : 아니요. _____

5) 가 : 남자친구 성격이 나빠요?

　　나 : 아니요. 성격은 ＿＿＿＿＿＿＿＿＿＿＿ 말이 없어요.

─지만

1. 의미		앞 문장과 뒤 문장이 서로 대립됨을 나타낸다.

2. 형태

받침 ○	─지만	떡볶이는 맛있지만 매워요.
받침 ×	─지만	형은 공부하지만 동생은 안 해요.

3. 용법

1) 앞 문장과 반대되는 내용을 말할 때 사용한다.

어제는 추웠지만 오늘은 따뜻해요.

동생은 스페인어를 할 줄 알지만 저는 못 해요.

2) 앞 문장은 인정하면서 뒤 문장이 앞 문장에 영향을 받지 않을 때 사용한다.

그 케이크는 맛있지만 조금 비싸요.

3일이나 약을 먹었지만 좋아지지 않아서 걱정이에요.

3) 앞 문장의 의미에 뒤 문장의 의미를 더할 때 사용한다.

그 식당은 맛도 좋지만 친절해서 좋아요.

우리 선생님은 수업도 잘 하지만 재미있어요.

4. 연습

※ 다음 문장을 연결하고 '─지만'을 사용하여 한 문장으로 만드십시오.

1) 내 동생은 예쁘다 •   • 살이 찌지 않다

2) 사람이 많다 •   • 복잡하지 않다

3) 밥을 많이 먹다 •   • 성격이 나쁘다

4) 운동도 잘 한다 •   • 한자가 많아서 어렵다

5) 한국 신문을 읽을 줄 알다 •   • 노래도 잘 부르다

(1) <u>내 동생은 예쁘지만 성격이 나빠요.</u>

(2) _____

(3) _____

(4) _____

(5) _____

−지요?

| 1. 의미 | 이미 알고 있는 사실을 확인하거나 상대방의 동의를 구함을 나타낸다. |

2. 형태

동사 / 형용사	받침 ○	−지요?	아이스크림은 정말 맛있지요?
	받침 ×	−지요?	오빠가 지금 공부하지요?
명사	받침 ○	−이지요?	개학이 내일이지요?
	받침 ×	−지요?	아빠 직업이 의사지요?

3. 용법

1) 이미 알고 있는 사실을 확인할 때 사용한다.

가 : 유진 씨가 어제 집에 늦게 들어왔지요?
나 : 네. 12시가 넘어서 들어왔어요.

가 : 다음 주 금요일이 시험이지요?
나 : 네. 지금부터라도 열심히 공부해야겠어요.

2) 상대방의 동의를 구할 때 사용한다.

가 : 여름에는 산보다는 바다가 더 좋지요?
나 : 그럼요. 저도 여름에는 바다로 가는 게 더 좋아요.

가 : 오늘 본 영화 어땠어요? 정말 재미있었지요?
나 : 네. 배우들의 연기도 좋고, 내용도 좋고 정말 재미있었어요.

4. 연습

※ 다음 대화를 '- 지요?'를 사용하여 완성하십시오.

1) 가 : 다음 주에 _____

　　나 : 아니요. 지난주에 방학했어요.

2) 가 : 어제 길이 막혀서 약속 시간에 _____

　　나 : 네. 1시간이나 늦어서 친구가 화를 많이 냈어요.

3) 가 : 지난번에 장학금 받은 사람이 _____

　　나 : 네. 영희가 받았어요. 그래서 사람들이 다 놀랐어요.

4) 가 : 요즘 숙제가 많아서 _____

　　나 : 아니요. 그렇게 바쁘지 않아요.

5) 가 : 작년에 여행 간 일본이 정말 _____

　　나 : 그럼요. 정말 좋아서 또 가고 싶어요.

조금 더 알아볼까요?

'누구', '얼마', '언제', '어디' 등의 의문사와 같이 쓰일 때는 의문을 나타내요.

저기 가는 사람이 누구지요?
이 책이 얼마지요?

조금 더 알아볼까요?

'- 지요'는 '- 죠'로 바꿔서 말할 수 있어요.

생일이 오늘이지요? = 생일이 오늘이죠?

처럼

1. 의미

명사와 함께 쓰여 비유나 비교를 나타낸다.

2. 형태

받침 ○	처럼	그녀는 꽃처럼 예뻐요.
받침 ×	처럼	나비처럼 날아서 벌처럼 쏴라.

3. 용법

1) 비교를 말할 때 사용한다.

박 선생님처럼 춤을 잘 췄으면 좋겠어요.

우리 집 거실은 운동장처럼 넓어서 10명이 잘 수도 있어요.

2) 비유를 말할 때 사용한다.

바보처럼 울지만 말고 제대로 이야기를 하세요.

공주처럼 예쁜 척하는 여자들은 친구 사이에서 인기가 없어요.

4. 연습

※ 다음 보기에서 가장 알맞은 단어를 골라 '처럼'을 사용하여 문장을 완성
하십시오.

천사	수박	돼지	계산기	중국사람

1) 그 남자는 _____ 많이 먹어서 살이 계속 찌는 것 같아요.

2) 한국에서는 아주 착한 사람을 _____ 착하다고 해요.

3) 이 사과가 _____ 커요.

4) 제 동생은 _____ 계산이 정확해요.

5) 오 선생님은 _____ 중국어를 잘 해요.

조금 더 알아볼까요?

'처럼'은 '같이'와 바꿔 쓸 수 있어요

우리 선생님은 호랑이<u>처럼</u> 무서워요.
= 우리 선생님은 호랑이<u>같이</u> 무서워요.

부록

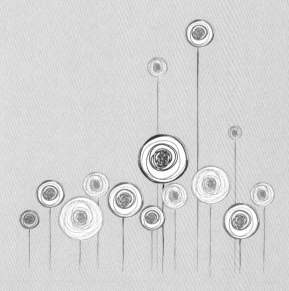

명사를 수식할 때 사용한다.

동사	과거	받침 ○	-은 N	어제 **먹은** 불고기가 맛있었어요.
		받침 ×	-ㄴ N	어제 **마신** 커피는 맛없었어요.
	현재	받침 ○ / 받침 ×	-는 N	지금 **씻는** 과일이 뭐예요? 저기 **가는** 사람이 누구지요?
	미래	받침 ○	-을 N	저 책은 제가 **읽을** 책이에요.
		받침 ×	-ㄹ N	해야 **할** 숙제가 많아요.
형용사	현재	받침 ○	-은 N	요즘 **짧은** 치마가 유행이에요.
		받침 ×	-ㄴ N	**큰** 가방을 사고 싶어요.

✱ '있다/없다'는 동사의 현재 활용을 합니다.

예 지금 집에 **있는** 사람이 누구예요?

　　예의가 **없는** 남자는 싫어요.

　　맛없는 음식을 먹었어요.

　　재미있는 영화를 보고 싶어요.

　　멋있는 남자친구가 있으면 좋겠어요.

2. 간접화법(간접인용)

말하는 사람이 자신 또는 다른 사람의 말이나 글을 인용할 때 사용한다.

1) 서술문(평서문)

① V-ㄴ/는다고 하다

	과거	현재	미래
받침 ○	-았/었다고 하다 (= -았/었대요)	-는다고 하다 (= -는대요)	-을 거라고[것이라고] 하다 (= -을 거래요)
받침 ×		-ㄴ다고 하다 (= -ㄴ대요)	-ㄹ 거라고[것이라고] 하다 (= -ㄹ 거래요)

"바다에 갔어요." → 바다에 갔다고 했어요. = 바다에 갔대요.
"아침에 빵을 먹어요." → 아침에 빵을 먹는다고 했어요. = 아침에 빵을 먹는대요.
"영화를 볼 거예요." → 영화를 볼 거라고 했어요. = 영화를 볼 거래요.

② A-다고 하다

	과거	현재	미래(추측)
받침 ○	-았/었다고 하다 (= -았/었대요)	-다고 하다 (= -대요)	-을 거라고[것이라고] 하다 (= -을 거래요)
받침 ×			-ㄹ 거라고[것이라고] 하다 (= -ㄹ 거래요)

"어제는 정말 추웠어요." → 어제는 정말 추웠다고 했어요. = 어제는 정말 추웠대요.
"기분이 좋아요." → 기분이 좋다고 했어요. = 기분이 좋대요.
"내일 날씨가 맑을 거예요." → 내일 날씨가 맑을 거라고 했어요.
　　　　　　　　　　　　= 내일 날씨가 맑을 거래요.

③ N-(이)라고 하다

	과거	현재
받침 ○	-이었다고 하다(= -이었대요)	-이라고 하다(= -이래요)
받침 ×	-였다고 하다(= -였대요)	-라고 하다(= -래요)

"목요일이 추석이었어요." → 목요일이 추석이었다고 했어요. = 목요일이 추석이었대요.
"이것은 사과예요." → 이것은 사과라고 했어요. = 이것은 사과래요.

2) 의문문

① V-느냐고 하다 / V-냐고 하다

	과거	현재	미래
받침 ○	-았/었/했느냐고 하다 (= -았/었/했느내요)	-느냐고 하다(= -느내요) -냐고 하다(= -내요) *있다/없다	-을 거냐고 하다 (= -을 거내요)
받침 ×	-았/었/했냐고 하다 (= -았/었/했내요)		-ㄹ 거냐고 하다 (= -ㄹ 거내요)

"식사하셨어요?" → 식사하셨느냐고/식사하셨냐고 했어요.

= 식사하셨느내요. / 식사하셨내요.

"벌써 자요?" → 벌써 자느냐고/자냐고 했어요. = 벌써 자느내요. / 자내요.

"이번 방학에 고향에 갈 거예요?" → 이번 방학에 고향에 갈 거냐고 했어요.

= 이번 방학에 고향에 갈 거내요.

② A-(으)냐고 하다 / A-냐고 하다

	과거	현재
받침 ○	-았/었/했느냐고 하다 (= -았/었/했느내요) -았/었/했냐고 하다 (= -았/었/했내요)	-으냐고 하다(= -으내요) -냐고 하다(= -내요)
받침 ×		-냐고 하다(= -내요)

* 있다/없다 → -느냐고 하다 / -냐고 하다

"어제 바빴어요?" → 어제 바빴느냐고/바빴냐고 했어요. / 바빴내요.

"오늘 더워요?" → 오늘 더우냐고/덥냐고 했어요. / 덥내요.

"많이 짜요?" → 많이 짜냐고 했어요. / 짜내요.

③ N-(이)냐고 하다

	과거	현재
받침 ○	-이었냐고 하다(= -이었내요)	-이냐고 하다(= -이내요)
받침 ×	-였냐고 하다(= -였내요)	-냐고 하다(= -내요)

"어제 생일이었어요?" → 어제 생일이었냐고 했어요. = 어제 생일이었내요.

"그 사람이 가수예요?" → 그 사람이 가수냐고 했어요. = 그 사람이 가수내요.

3) 명령문

V-(으)라고 하다

받침 ○	-으라고 하다(= -으래요)
받침 ×	-라고 하다(= -래요)

"손을 씻으세요." → 손을 씻으라고 했어요. = 손을 씻으래요.

"택시를 타세요." → 택시를 타라고 했어요. = 택시를 타래요.

❋ 주다/드리다

• 가민 : "길현 씨, 저에게 전화해 <u>주세요</u>."(가민 ─전화→ 길현)

　→ (가민 씨가 길현 씨에게 말했어요.) 저녁에 전화해 <u>달라고</u> 했어요.

　= 저녁에 전화해 달래요.

• 상민 : "도묘지 씨, 앤디 씨에게 이 책을 <u>주세요</u>."(도묘지 ─책→ 앤디)

　→ (상민 씨가 도묘지 씨에게 말했어요.) 앤디 씨에게 책을 <u>주라고</u> 했어요.

　= 앤디 씨에게 책을 주래요.

4) 청유문

V-자고 하다

받침 ○	-자고 하다
받침 ×	(= -재요)

"이 책을 읽읍시다." → 이 책을 읽자고 했어요. = 이 책을 읽재요.

"오늘 저녁에 영화 봅시다." → 오늘 저녁에 영화 보자고 했어요. = 오늘 저녁에 영화 보재요.

3. 불규칙 용언

1) 'ㄷ' 불규칙

'ㄷ' 받침을 가지는 동사와 형용사가 모음을 만날 때 'ㄷ'이 'ㄹ'로 변하는 경우가 있다.

듣다　　듣- + -어 → 들어
걷다　　걷- + -으면 → 걸으면

	-ㅂ니다/습니다	-아/어요	-고	-아/어서	-(으)면서
듣다	듣습니다	들어요	듣고	들어서	들으면서
걷다	걷습니다	걸어요	걷고	걸어서	걸으면서
묻다	묻습니다	물어요	묻고	물어서	물으면서

❈ 규칙활용 : 얻다, 닫다, 받다 등등
　　　　　　얻다　　얻- + -어 → 얻어
　　　　　　닫다　　닫- + -아 → 닫아

2) 'ㅂ' 불규칙

'ㅂ' 받침을 가지는 동사와 형용사가 모음을 만날 때 'ㅂ'이 '오/우'로 변하는 경우가 있다.

줍다　　줍- + -어 → 주워
돕다　　돕- + -아 → 도와

	-ㅂ니다/습니다	-아/어요	-고	-아/어서	-(으)면서
쉽다	쉽습니다	쉬워요	쉽고	쉬워서	쉬우면서
무겁다	무겁습니다	무거워	무겁고	무거워서	무거우면
*돕다	돕습니다	*도와요	돕고	*도와서	도우면서

❈ 규칙활용 : 잡다, 입다, 좁다, 씹다 등등
　　　　　　잡다　　잡- + -아 → 잡아
　　　　　　입다　　입- + -(으)면 → 입으면

3) 'ㅅ' 불규칙

'ㅅ' 받침을 가지는 동사와 형용사가 모음을 만날 때 'ㅅ'이 탈락하는 경우가 있다.

잇다   잇- + -어 → 이어

짓다   짓- + -으면 → 지으면

	-ㅂ니다/습니다	-아/어요	-고	-아/어서	-(으)면서
낫다	낫습니다	나아요	낫고	나아서	나으면서
긋다	긋습니다	그어요	긋고	그어서	그으면서
붓다	붓습니다	부어요	붓고	부어서	부으면서

✽ 규칙활용 : 벗다, 씻다, 웃다 등등

         벗다   벗- + -어 → 벗어

         씻다   씻- + -(으)면 → 씻으면

4) 'ㅎ' 불규칙

① 'ㅎ' 받침으로 끝나는 형용사가 모음을 만날 때 'ㅎ'이 탈락하는 경우가 있다.

② 'ㅎ' 받침으로 끝나는 형용사가 모음 '-아/어'를 만날 때 'ㅎ'이 탈락하고 '이'가 첨가된다.

     빨갛다   빨갛- + -으면 → 빨가면

     어떻다   어떻- + -아서 → 어때서

	-ㅂ니다/습니다	-아/어요	-고	-아/어서	-(으)면서
파랗다	파랗습니다	파래요	파랗고	파래서	파라면서
하얗다	하얗습니다	하얘요	하얗고	하얘서	하야면서
그렇다	그렇습니다	그래요	그렇고	그래서	그러면서

✽ 규칙활용 : 좋다, 싫다, 놓다, 넣다, 많다, 괜찮다, 쌓다 등등

         좋다   좋- + -아서 → 좋아서

         넣다   넣 + -어서 → 넣어서

5) '르' 불규칙

'르'를 가진 동사와 형용사가 모음을 만날 때 '르'가 'ㄹㄹ'로 변하는 경우가 있다.

     빠르다   빠르- + -아 → 빨라

     다르다   다르- + -았어요 → 달랐어요

	– ㅂ니다/습니다	– 아/어요	– 고	– 아/어서	– (으)면서
모르다	모릅니다	몰라요	모르고	몰라서	모르면서
고르다	고릅니다	골라요	고르고	골라서	고르면서
서두르다	서두릅니다	서둘러요	서두르고	서둘러서	서두르면서

✽ 규칙활용 : 따르다, 들르다, 치르다 등등

따르다   따르– + –아 → 따라

들르다   들르– + –었어요 → 들렀어요

6) 'ㄹ' 탈락

'ㄹ' 받침으로 끝나는 동사와 형용사 뒤에 'ㄴ, ㅂ, ㅅ'가 오면 받침 'ㄹ'이 탈락한다.

멀다   멀– + –ㅂ니다 → 멉니다

만들다   만들– + –ㄴ → 만든

(✽ 받침 'ㄹ'은 '–ㅂ니다'와 결합하고 매개 모음 '으'를 필요로 하지 않습니다.)

	– ㅂ니다/습니다	– 아/어요	– 고	– (으)ㄴ	– (으)면서
살다	삽니다	살아요	살고	산	살면서
알다	압니다	알아요	알고	안	알면서
가늘다	가늡니다	가늘어요	가늘고	가는	가늘면서

7) '으' 탈락

'으' 모음을 가진 동사와 형용사가 모음을 만날 때 모음 '으'가 탈락한다.

슬프다   슬프– + –어 → 슬퍼

크다   크– + –었어요 → 컸어요

	– ㅂ니다/습니다	– 아/어요	– 고	– 아/어서	– (으)면서
예쁘다	예쁩니다	예뻐요	예쁘고	예뻐서	예쁘면서
아프다	아픕니다	아파요	아프고	아파서	아프면서
쓰다	씁니다	써요	쓰고	써서	쓰면서

	한자어 숫자	고유어 숫자
1	일	하나(한 N)
2	이	둘(두 N)
3	삼	셋(세 N)
4	사	넷(네 N)
5	오	다섯
6	육	여섯
7	칠	일곱
8	팔	여덟
9	구	아홉
10	십	열
20	이십	스물(스무 N)
30	삼십	서른
40	사십	마흔
50	오십	쉰
60	육십	예순
70	칠십	일흔
80	팔십	여든
90	구십	아흔
100	백	백
1000	천	천
10000	만	만
100000	십만	십만
1000000	백만	백만

사람	명, 사람, 분
동물	마리
책/공책	권
종이/사진/표…	장
자동차/자전거/가전제품…	대
옷	벌
신발/양말/장갑	켤레
연필/볼펜/펜…	자루
나무	그루
꽃/포도	송이
집/건물	채
커피/술/물…	잔/병/캔
편지/수박	통
돈	원
나이	살, 세
음식	그릇/접시/인분
물건	개

❋ 고유어 숫자를 쓰는 단위명사

　사람, 명, 분, 마리, 권, 장, 대, 벌, 켤레, 자루, 그루, 송이, 채, 잔, 병, 캔, 통, 살, 그릇, 접시, 개, 시(시간)…

❋ 한자어 숫자를 쓰는 단위명사

　세, 인분, 원, 번호, 층, 분(시간), 일, 월, 년, 주일…

정답

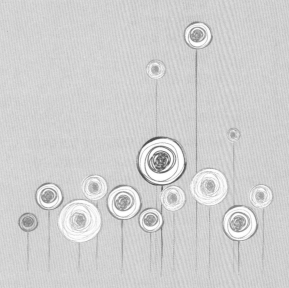

p.9 가/이

1) 가
2) 가
3) 이
4) 이
5) 가
6) 이

p.10 −거나

1) 주말에는 영화를 보거나 쇼핑을 해요.
2) 아프거나 외로울 때 생각이 나요.
3) 오시거나 안 오시거나 회의를 합니다.
4) 들거나 안 들거나 갈 거예요.
5) 친구 만나러 가셨거나 운동하러 가셨을 거야.

p.12 −게

1) 예쁘게
2) 달지 않게
3) 들리게
4) 들어오게
5) 깨끗하게

p.14 −게 되다

1) 졸업하게 되었어요.
2) 배우게 되었어요.
3) 건강하게 되면
4) 빨갛게 돼서
5) 닮게 되었어요.

p.17 −겠−

1) 서울은 날씨가 맑고 덥지 않겠습니다.
2) 베이징은 비가 오고 시원하겠습니다.
3) 뉴욕은 흐리고 쌀쌀하겠습니다.
4) 파리는 눈이 오고 춥겠습니다.
5) 리오는 맑고 덥겠습니다.

p.18 −고 나서

1) 썰고 나서, 볶고 나서
2) 만들고 나서, 썰고 나서, 볶고 나서

p.19 −고 싶다

1) 세계 여행을 하고 싶어요.
2) 쉬고 싶어요.
3) 돌아가고 싶어요.
4) 씻고 싶어요.
5) 살고 싶어요.

p.20 −고 있다

1) 수지는 책을 읽고 있어요. 그리고 영희는 요리를 하고 있어요. 상민이는 음악을 듣고 있어요. 성아와 지훈이는 이야기를 하고 있어요. 지연이는 텔레비전을 보고 있어요.
2) 수민이는 모자를 쓰고 가방을 메고 있어요.
희원이는 원피스를 입고 있어요.
준수는 안경을 쓰고 넥타이를 매고 있어요. 그리고 가방을 들고 있어요.
민이는 짧은 치마를 입고 있고 사탕을 들고 있어요.

p.23 −고

1) 내 친구는 머리가 길고 모자를 쓰고 줄무늬 셔츠를 입고 꽃무늬 치마를 입고 구두를 신고 있어요. 그리고 성격은 친절하고 노래 듣기를 좋아하고 요리를 잘하고 운동을 싫어해요.
2) 아침 8시에 아침을 먹고 9시에 학교에 가고 10시에 공부를 하고 5시에 텔레비전을 봅니다.

p.24 −군요

1) 피곤하군요.
2) 시작됐군요.

3) 아름답군요.
4) 공부하는군요.
5) 이었군요.

p.27 과/와

1) 와
2) 과
3) 과
4) 와
5) 과

p.28 -기

1) 버스를 타기가 힘들어요.
2) 제 취미는 피아노 치기입니다.
3) 어제부터 태권도를 배우기 시작했어요.
4) 혼자 영화 보기를 좋아해요.
5) 결혼한 친구가 행복하기를 바랍니다.

p.29 -기 때문에

1) 지금은 돈이 없기 때문에 그 시계를 살 수 없어요.
2) 내일은 바쁘기 때문에 파티에 못 갈 것 같아요.
3) 미국에서 친구가 오기 때문에 3시까지 공항에 가야 해요.
4) 늦게 일어났기 때문에 회사에 지각했어요.
5) 시험기간이기 때문에 열심히 공부해야 해요.

p.30 -기 전에

1) 보기 전에 저녁을 먹습니다.
2) 지기 전에 게임을 합니다.

1) 누르기 전에 돈을 넣어요.
2) 마시기 전에 커피를 꺼내요.

p.32 -기로 하다

1) 쇼핑하기로 했어요.

2) 꽃을 사기로 했어요.
3) 내일 아침에 하기로 했어요.
4) 여행을 가기로 했는데
5) 참가하기로 했는데

p.34 는/은

1) 는
2) 은
3) 은 / 는
4) 는
5) 는

p.35 연습해 볼까요?

1) 이 / 은
2) 는 / 은
3) 는
4) 가 / 는
5) 가

p.36 -는 동안

1) 동생이 자는 동안 저는 공부했어요.
2) 밍밍은 버스 타고 집에 가는 동안 책을 읽었어요.
3) 메이가 집에 없는 동안 도둑이 왔다 갔어요.
4) 엄마가 음식을 만드는 동안 아빠는 아기와 놀아요.

p.38 -다가

1) 운동하다가 다쳤어요.
2) 사전을 쓰다가 전자사전으로 바꾸었어요.
3) 부모님 편지를 읽다가 울었어요.
4) 영국에서 살다가 한국으로 왔어요.
5) 창문을 열고 자다가 감기에 걸렸어요.

p.41 도

1) 주말에 청소도 하고 친구도 만나고 운동도
   했어요.
2) 옆 반에서 아이스크림을 먹으니까 우리도
   먹어요.
3) 점심시간인데 식당에 손님이 한 명도 없어요.
4) 돈도 없는데 많이 샀어요.
5) 옷도 사고 신발도 사고 싶은데 시간이 없어요.

p.42 -도록 하다

1) 졸지 않도록 하세요.
2) 운동을 하도록 하세요.
3) 켜도록 하세요.
4) 이야기하도록 하세요.
5) 나가도록 할게요.

p.44 때문에

1) 감기
2) 눈
3) 성격
4) 선물
5) 세미나

p.45 를/을

1) 를
2) 을
3) 을
4) 를 / 을
5) 를

p.47 만

1) 영희만 치마를 입고 있어요.
2) 요리사 음식이 엄마만 못 해요.
3) 과일 중에서 포도만 비싸요.
4) 시험이에요. 공부만 해야 돼요.

p.48 못

1) 못 잤어요.
2) 못 갔어요.
3) 못 했어요.
4) 못 잡았대요.
5) 못 했대요.

p.50 -ㅂ니다/습니다

1) 많습니다.
2) 듣습니다.
3) 기쁩니다.
4) 삽니다.
5) 무섭습니다.

p.52 밖에

1) 세 시간
2) 천 원
3) 수미 씨
4) 한 번
5) 지금

p.54 보다

1) 귤보다 사과가 비싸요.
2) 듣기 시험보다 읽기 시험을 더 잘 봤어요.
3) 리에가 마이클보다 커요.
4) 상민이가 길현이보다 더 늦게 자요.

p.56 부터

✱ 에스더의 일과표
   1) 9시부터 시작해요.
   2) 3시부터 5시까지 운동해요.

✱ 철수의 일과표
   1) 신문부터 읽어요.
   2) 10시부터 11시 반까지 해요.

p.58 -아/어 가다/오다

1) 해 가요.
2) 만들어 왔어요.
3) 만나 왔지만
4) 가져 오세요.
5) 사 가면

p.60 -아/어 보다

1) 불러 보았어요?
2) 만들어 봅시다.
3) 여행해 본
4) 앉아 보니까
5) 사귀어 보세요.

p.61 -아/어 보이다

1) 길이 복잡해 보여요.
2) 매우 예뻐 보여요.
3) 시험이 어려워 보여요.
4) 짐이 무거워 보여요.

p.62 -아/어 있다

1) 남아 있어요.
2) 앉아 계시는
3) 들어 있었어요.
4) 붙어 있어요.
5) 누워 있어요.

p.64 -아/어 주다/드리다

1) 켜 주세요.
2) 사 줄 거예요.
3) 태워 드릴까요?
4) 칭찬해 주셨어요.
5) 씻어 드리세요.

p.66 -아/어도

1) 아무리 공부해도 성적이 안 올라요.
2) 쉬운 한국어 책을 사 줘도 공부하지 않아요.
3) 눈이 많이 와도 학교에 가요.
4) 아무리 바빠도 여자친구를 만나요.
5) 부모님이 보고 싶어도 지금은 볼 수 없어요.

p.68 -아/어도 되다

1) 입어도 돼요?
2) 안 가도 돼요?
3) 버려도 돼요?
4) 가져도 돼요.
5) 작아도 돼요?

p.71 -아/어서

(1) 1) 은행에 가서 돈을 찾아요.
    2) 꽃을 사서 친구에게 줬어요.

(2) 1) 더워서 열었어요.
    2) 선물을 받아서 기분이 좋아요.
    3) 싸워서 안 만나요.
    4) 위험해서 수영하면 안 돼요.

p.73 연습해 볼까요?

1) 나타샤는 텔레비전을 보고 잡니다.
2) 크리스티나는 시장에 가서 사과를 삽니다.

p.74 -아/어야 되다/하다

1) 타야 해요.
2) 착해야 하고
3) 보내야 돼요?
4) 공부해야 해요.
5) 넓어야 돼요.

p.77 -아/어요

1) 커요.
2) 재미있어요.
3) 읽었어요.
4) 노래해요.
5) 가요.

p.78 -아/어지다

1) 날씬해졌어요.
2) 좋아졌어요.
3) 빨개져서
4) 높아졌어요.
5) 추워졌어요.

p.80 안

1) 안 했어요.
2) 안 먹었어요.
3) 안 했어요.
4) 안 예뻐요.
5) 안 피곤해요.

p.82 에

1) 우체국에 가요.
2) 사과는 3개에 1000원이에요.
3) 9시에 자요.
4) 약국은 꽃집 옆에 있어요.
5) 바다에 갈 거예요.
6) 그 드라마는 7시에 시작해요.

p.85 에게

1) 꽃을 선생님께 줄 거예요.
2) 친구에게 전화해요.
3) 도둑이 경찰에게 잡혔어요.
4) 아이에게 먹이세요.
5) 민이에게 옷이 많아요.
6) 부모님께 편지를 썼어요.

p.88 에게서

1) 아버지께서 이 사전을 주셨어요.
2) 그 소식을 친구에게서 들었어요.
3) 친구에게서 편지가 와서 기분이 좋아요.
4) 앙리에게서 가방을 받았어요.
5) 아이에게서 좋은 냄새가 나요.
6) 할머니에게서 받은 반지예요.

p.90 에서

1) 하늘에서 비가 내려요.
2) 기숙사에서 식당까지 걸어서 가요.
3) 라디오에서 내가 좋아하는 노래가 나와요.
4) 2017년 동계올림픽은 평창에서 열려요.
5) 이 식당이 우리 동네에서 제일 좋은 식당이
   에요.

p.92 -(으)ㄴ 적이 있다/없다

1) 좋아한 적이 있어요?
2) 만든 적이 있어요.
3) 건 적이 없어요.
4) 먹은 적이 없는데
5) 감은 적이 없어요.

p.94 -(으)ㄴ 후에

✽ 아리야의 일과표
  1) 한 후에 점심식사를 해요.
  2) 만난 후에 영화를 봐요.

✽ 철수의 일과표
  1) 읽은 후에 출근을 해요.
  2) 마신 후에 회의를 해요.

p.97 -(으)ㄴ/는/(으)ㄹ 모양이다

1) 아픈 모양이에요.
2) 만날 모양이에요.
3) 읽은 모양이에요.

4) 피곤한 모양이에요.
5) 맑을 모양이에요.

p.99 -(으)ㄴ/는/(으)ㄹ/인 것

1) ×
2) ×
3) ○
4) ×
5) ○

p.101 -(으)ㄴ/는/(으)ㄹ/인 것 같다

1) 운동하는 것 같아요.
2) 기분이 좋은 것 같아요.
3) 편지를 쓰는 것 같아요.
4) 슬픈 것 같아요.
5) 날씨가 추운 것 같아요.
6) 케이크를 만드는 것 같아요.

p.103 -(으)ㄴ/는데

1) 저 가방은 큰데 이 가방은 작아요.
2) 어제 이메일을 보냈는데 받았어요?
3) 내 휴대폰인데 영상통화를 할 수 있어요.
4) 나는 비빔밥을 좋아하는데 친구는 불고기를 좋아해요.
5) 은행에 가는데 같이 갈래요?

p.105 -(으)ㄴ/는데요

1) 어울리는데요.
2) 밝은데요.
3) 시험이었는데요.
4) 만나는데요? / 만나는데요.
5) 복잡했는데요.

p.107 -(으)ㄴ/는/인가 보다

1) 약속시간에 늦는 걸 보니까 길이 복잡한가 봐요.

2) 구름이 낀 걸 보니까 비가 올 건가 봐요.
3) 기분이 좋은 걸 보니까 월급을 탔는가 봐요.(탔나 봐요)
4) 화장을 하는 걸 보니까 데이트가 있는가 봐요.(있나 봐요)
5) 술을 많이 마시는 걸 보니 여자친구와 헤어졌는가 봐요.(헤어졌나 봐요)

p.108 -(으)니까

1) 길이 복잡하니까 걸어서 가세요.
2) 날씨가 더우니까 아이스크림을 먹읍시다.
3) 일요일이니까 극장에 사람이 많아요.
4) 공부를 열심히 하니까 성적이 올랐어요.
5) 학교에 가니까 교실에 학생이 없었어요.

p.110 -(으)러

1) 만나러
2) 배우러
3) 공부하러
4) 먹으러
5) 빼러

p.112 -(으)려고

1) 변호사가 되려고 법대에 입학했어요.
2) 살을 빼려고 매일 수영장에 다녀요.
3) 지각하지 않으려고 일찍 일어나요.
4) 동생과 같이 먹으려고 케이크를 샀어요.
5) 등록금을 내려고 일주일에 세 번 아르바이트를 해요.

p.114 -(으)려면

1) 퇴근하려면
2) 빌리려면
3) 만나려면
4) 찾으려면
5) 닫으려면

p.116 (으)로

1) 로
2) 으로
3) 로
4) 로
5) 으로

p.118 −(으)면

1) 작아졌으면 다시 사세요.
2) 비가 오면 안 가요.
3) 투명인간이 되면 몰래 비행기를 타고 싶
   어요.
4) 마음에 들면 가지세요.
5) 늦게 일어나면

p.120 −(으)면 되다/안 되다

(1) 1) 여권을 준비하면 돼요.
    2) 비자를 받으면 돼요.
    3) 사진기를 준비하면 돼요.

(2) 1) 친구와 이야기하면 안 돼요.
    2) 담배를 피우면 안 돼요.
    3) 큰 소리로 전화를 받으면 안 돼요.

p.121 −(으)면 좋겠다

1) 붙으면 좋겠어요.
2) 결혼하면 좋겠어요.
3) 먹으면 좋겠어요.
4) 하면 좋겠어요.
5) 씻으면 좋겠어요.

p.122 −(으)면서

1) 노래를 들으면서 춤을 춰요
2) 운전하면서 전화하면 안 돼요.
3) 걸으면서 친구와 이야기해요.
4) 가방이 싸면서 좋아요.

p.124 −(으)ㅂ시다

1) 같이 영화를 봅시다.
2) 마십시다.
3) 떡국과 만두를 먹읍시다.
4) 닫읍시다.
5) 조용히 합시다.

p.126 −(으)세요

1) 신문을 읽으세요.
2) 무엇을 만드세요?
3) 텔레비전을 보세요.
4) 앉으세요.
5) 하세요.

p.128 −(으)시−

1) 일어나셨습니다.
2) 읽으십니다.
3) 타십니다.
4) 예쁘셨습니다.
5) 들으십니다.

p.130 −(으)ㄹ 거예요

1) 홍콩으로 여행 갈 거예요.
2) 날씨가 좋을 거예요.
3) 사무실에 계실 거예요.
4) 지난 주말에 샀을 거예요.
5) 유학을 갈 거예요.

p.132 −(으)ㄹ 때

1) 만들 때
2) 복잡할 때
3) 아플 때
4) 쉴 때
5) 웃을 때

p.134 –(으)ㄹ래요

1) 우리 같이 등산 갈래요?
2) 좋은 사람이 있는데 만날래요?
3) 이 책이 재미있는데 읽을래요?
4) 휴대전화가 비싸지만 살래요.
5) 머리가 길어서 머리를 깎을래요.

p.136 –(으)ㄹ 수 있다/없다

1) 독일어를 할 수 없어요.
2) 한국화를 그릴 수 있어요.
3) 북을 칠 수 있어요.
4) 스키를 탈 수 없어요.
5) 한국 노래를 부를 수 있어요.

p.138 –(으)ㄹ 줄 알다/모르다

1) 태권도를 할 줄 알아요.
2) 피아노를 칠 줄 알아요.
3) 요리를 할 줄 몰라요.
4) 영어를 읽을 줄 알아요.

p.140 –(으)ㄹ 테니(까)

1) 좋을 테니까 걱정하지 마세요.
2) 가져갈 테니까 싸 주세요.
3) 합격할 테니까 열심히 공부하세요.
4) 말할 테니까 잘 들으세요.
5) 마칠 테니까 조금만 더 기다리세요.

p.142 –(으)ㄹ게요

1) 떠들게요.
2) 도와줄게요.
3) 기다릴게요.
4) 안을게요.
5) 들을게요.

p.144 –(으)ㄹ까요?

1) 갈까요? / 갈까요?
2) 좋아할까요?
3) 추울까요?
4) 클까요?
5) 앉을까요?

p.147 의

1) 가민의 Mp3예요.
2) 경기도 이천의 쌀이 맛있어요.
3) 올해의 목표는 대학 입학입니다.
4) 오늘은 스승의 날입니다.

p.149 이/그/저

1) 이 가방은 제 어머니의 가방입니다.
2) 이것은 꽃이에요.
3) 저것은 구두입니다.
4) 그것은 텔레비전입니다.

p.150 (이)나

1) 이나
2) 이나
3) 나
4) 나
5) 나

p.151 –지 말다

1) 주차하지 마세요.
2) 수영하지 마세요
3) 애완동물을 데리고 오지 마세요.
4) 사진 찍지 마세요.

p.152 –지 않다

1) 공부하지 않아요?
2) 보지 않고

3) 듣지 않고
4) 멀지 않아요.
5) 나쁘지 않지만

p.154 −지만

1) 내 동생은 예쁘지만 성격이 나빠요.
2) 사람이 많지만 복잡하지 않아요.
3) 밥을 많이 먹지만 살이 찌지 않아요.
4) 운동도 잘하지만 노래도 잘 불러요.
5) 한국 신문을 읽을 줄 알지만 한자가 많아서
   어려워요.

p.157 −지요?

1) 방학하지요?
2) 늦었지요?
3) 영희지요?
4) 바쁘지요?
5) 좋았지요?

p.158 처럼

1) 돼지처럼
2) 천사처럼
3) 수박처럼
4) 계산기처럼
5) 중국사람처럼

박영희   충북대학교 국어교육과 박사
         현, 충북대학교 국제교류본부 한국어 전담 강사
         저서 : 매일 만나는 한국어 1, 2(충북대 출판부, 2011)

오성아   충북대학교 국어교육과 박사 수료
         현, 충북대학교 국제교류본부 한국어 전담 강사
         저서 : 매일 만나는 한국어 1, 2(충북대 출판부, 2011)

유지연   충북대학교 국어교육과 박사
         현, 충북대학교 국제교류본부 한국어 전담 강사
         저서 : 매일 만나는 한국어 1, 2(충북대 출판부, 2011)

이희원   충북대학교 국어교육과 박사
         현, 충북대학교 국제교류본부 한국어 전담 강사
         저서 : 쉽게 말하는 한국어 3(충북대 출판부, 2011)

삽화 : 박영희

외국인을 위한 **한국어 문형 I**

초판 발행   2009년 8월 31일
3쇄 발행   2015년 8월   7일

지은이   박영희 · 오성아 · 유지연 · 이희원
펴낸이   박찬익
책임편집   김지은

펴낸곳   도서출판 **박이정**
주소   서울시 동대문구 천호대로 16가길 4
전화   02)922-1192~3
전송   02)928-4683
홈페이지 www.pjbook.com
이메일   pijbook@naver.com
등록   1991년 3월 12일 제1-1182호

ISBN   978-89-6292-068-0 (93710)

* 책값은 뒤표지에 있습니다.